PREGADOR UNGIDO

RONALDO JOSÉ DE SOUSA

PREGADOR UNGIDO

Missão e Espiritualidade

Diretor Editorial:
Marcelo C. Araújo

Editores:
Avelino Grassi
Edvaldo Manoel de Araújo
Márcio F. dos Anjos

Coordenação Editorial:
Ana Lúcia de Castro Leite

Revisão:
Lessandra Muniz de Carvalho

Diagramação:
Alex Luis Siqueira Santos

Capa:
Fernanda Barros Palma da Rosa

Dados Internacionais de Catalogação na Publicação (CIP)
(Câmara Brasileira do Livro, SP, Brasil)

Sousa, Ronaldo José de
  Pregador ungido: missão e espiritualidade / Ronaldo José de Sousa – Aparecida, SP: Editora Santuário, 2001.

  ISBN 85-7200-770-9

  1. Espiritualidade 2. Ministério – Igreja Católica 3. Missão da Igreja 4. Pregação I. Título.

01-3298   CDD-251

Índices para catálogo sistemático:

1. Ministério da pregação: 251
2. Pregação: Ministério: Cristianismo:

17ª impressão

Todos os direitos reservados à **EDITORA SANTUÁRIO** – 2020

Rua Pe. Claro Monteiro, 342 – 12570-000 – Aparecida-SP
Tel.: 12 3104-2000 – Televendas: 0800 - 16 00 04
www.editorasantuario.com.br
vendas@editorasantuario.com.br

Dedico estas páginas aos pregadores que me
encantaram com a profundidade de suas reflexões:
Prado Flores, Raniero Cantalamessa e Amedeo Cencini;

aos que me emocionaram, pela maneira
como vincularam suas vidas à pregação:
Jonas Abib e Moisés Azevedo;

aos que me conduziram à conversão:
Emmir Nogueira, Inaldo Alexandre e Josué Pereira.

Enfim, àqueles que exerceram
influência sobre meu ministério:
Manuel Fernando e, sobretudo, Alessandra Freitas,
a quem amo e admiro profundamente.

Agradeço
aos irmãos Roberto Ricardo (Goiânia-GO),
Sandra Regina e Hildênia Onias (Pombal-PB)
as valiosas sugestões na fase final
de preparação deste texto.

INTRODUÇÃO

*P*regador ungido* é um livro que me surpreendeu por seu "fôlego". Desde que foi publicado pela primeira vez, em 2000, ele figura entre meus títulos mais vendidos. É verdade que não se trata de nenhum *best-seller*, mas ao longo desses dez anos tenho me deparado com muitos irmãos e irmãs, pregadores ou não, que me testemunharam a respeito do bem que ele fez a sua vida espiritual e missionária.

Por causa disso, ao proceder uma revisão depois de tanto tempo, fiz o possível para não alterá-lo substancialmente, nem modificar sua linguagem simples e direta. Provavelmente, se fosse escrevê-lo hoje, eu o faria diferente. Mas optei por ser fiel ao que me foi inspirado naquele momento específico de minha caminhada que, graças a Deus, continua a todo vapor.

A fonte principal das meditações deste livro é a própria Palavra de Deus, acrescentadas algumas reflexões propostas por outros autores, aos quais me refiro em notas de rodapé sempre que os cito. Minha intenção é proporcionar às pessoas que exercem o ministério da pregação, a compreensão, pelo menos parcial, do sentido e da responsabilidade de sua missão, e o modo como poderão aprofundar sua espiritualidade e melhorar suas palestras.

Por "pregador" aqui deve ser entendido aquela pessoa que se dirige a um público para falar em nome de Deus, utilizando-se dos instrumentos que lhes são disponibilizados e do testemunho de vida. Conquanto todos os cristãos sejam chamados a evangelizar, nem todos recebem de Deus o mandato de exercer o ministério da pregação em sentido estrito.

No capítulo 1 estabeleço o *envio* como parte essencial do chamado do pregador. O capítulo 2 é sobre a unção e a maneira como ela se processa antes e durante a palestra. Os três capítulos seguintes versam sobre a espiritualidade e vida de oração do pregador. Os últimos abordam a dimensão discipular e profética do ministério da pregação.

Para quase todos os capítulos, tomo uma passagem bíblica como base, aplicando-a à realidade do ministro de pregação, o que estabelece todo o texto como um referencial de aperfeiçoamento da espiritualidade e fortalecimento do ardor missionário.

Durante a releitura que fiz, acabei lembrando de coisas importantes que precisam ser atualizadas em minha vida ministerial. Este fato, aliado aos frutos que o livro já produziu, convenceu-me de que, realmente, o conhecimento aqui condensado não vem de mim, mas Daquele que me ungiu para servi-lo.

O autor
Campina Grande (PB)
Janeiro de 2011

1

QUEM ENVIAREI EU?

O ministério da pregação talvez seja um dos serviços eclesiais mais difíceis de exercer. Isso porque *a única forma de fazê-lo é pregando* e, para pregar, é preciso ter coragem de enfrentar um público, desbravando sozinho os caminhos da preleção. Algumas pessoas conseguem fazer pregações em dupla, alternando as falas. Eu mesmo já me arrisquei a fazê-lo e, conquanto tenha experimentado certo desconforto, acho que me saí bem. Mas isso pode ser considerado uma exceção. Na grande maioria dos casos, o pregador tem de vencer o medo e enfrentar o público sem o auxílio direto de ninguém.

Outros serviços eclesiais (como os ministérios de música, intercessão e aconselhamento), geralmente, são postos em prática por duas ou mais pessoas. Assim, um ministro inexperiente tem a oportunidade de se apoiar num outro mais maduro e, muitas vezes, chega a permanecer todo o tempo numa posição secundária. Seria como aquela história da dupla sertaneja em que só um canta e outro apenas o acompanha, para não deixá-lo sozinho, pois o cantor morre de medo do palco e do público. Na pregação não há como fugir do lugar principal e mais difícil, nem como deixar de se expor e correr riscos. Talvez por isso, muitas pessoas iniciam nesse ministério, mas desistem no meio do caminho, às vezes sem fazer uma palestra sequer.

Muitos homens e mulheres que são chamados ao ministério da pregação não aderem a ele com determinação, nem estão dispostos a superar, com a graça de Deus, os próprios limites da timidez, da linguagem, da retórica, da contemplação e tantos outros que surgem. Não raras vezes, embora sintam identificação com o ministério, essas pessoas frustram o plano de Deus para si mesmas nesse aspecto. A indagação do Senhor – "Quem enviarei eu? E quem irá por nós?" (Is 6,8a) – pode ser aplicada a esse tipo de contexto.

Na carta aos Romanos (10,14-15), São Paulo revela uma dimensão do chamado do pregador que, para muitos, permanece obscura: "Porém, como invocarão aquele em quem não têm fé? E como crerão naquele de quem não ouviram falar? E como ouvirão falar, se não houver quem pregue? E como pregarão *se não forem enviados?*" (grifo nosso). A expressão "se não forem enviados" sempre me chamou a atenção. Seria mais lógico que São Paulo dissesse: "E como pregarão, se não forem *chamados?*"

Mas o chamado do pregador tem duas dimensões imanentes. Ambas se manifestam na subjetividade da pessoa, como uma realidade intuitiva, embora possam ser reforçadas por sinais objetivos. A primeira é o *chamado propriamente dito,* mediante o qual a pessoa se sente convidada a ser pregadora. A segunda é *o envio*, que é um impulso interior pelo qual ela sente necessidade de falar, incontendo o anúncio e superando os obstáculos das limitações pessoais. Muitos se sentem chamados a exercer a pregação, mas permanecem absorvidos no convite, sem se abrirem à dimensão do envio, àquela força interior que os impediria de ficarem calados.

Uma dúvida frequente entre as pessoas com engajamento eclesial é esta: "Deus me chama para o ministério da pregação?" Ou, formulada de outra maneira: "Tenho o dom para pregar?" Como responder a essa questão? Antes de tudo, é bom dizer que *um ministério é um serviço e não uma vocação.* Assim, uma pessoa poderá identificar-se com vários serviços, sequenciada ou concomitantemente, de acordo com suas inclinações pessoais ou necessidades da comunidade em que está inserida.

Conheci algumas pessoas que, após "descobrirem" seu ministério, não quiseram mais exercer outro serviço, pois achavam que se descaracterizariam. Outros ficaram demasiadamente tensos na hora de exercê-lo, e o motivo não era outro: sentiam como se estivessem em jogo a própria vida, a autoafirmação, sua identidade como pessoa. Ora, não restam dúvidas de que isso é um equívoco, que pode trazer consequências muito ruins, tanto no plano individual como no comunitário.

Porém, para exercer um ministério é preciso que haja uma identificação mínima com ele, infundida pelo próprio Deus. Isso é o que se pode denominar de "chamado". Nesse sentido, penso que o Senhor coloca no coração da pessoa algo que a caracterize como tal. Isso a fará compreender quando existe o chamado.

Uma pessoa que se sente chamada, por exemplo, para o ministério de pastoreio ou aconselhamento, recebe de Deus a graça da *compaixão*. Esse sentimento pelas almas é essencial para que exerça com eficiência um desses serviços. Um ministro de música, de outro modo, há de ter dentro de si uma experiência *de louvor* mais fortalecida, pois deve levar as pessoas a louvar a Deus. De maneira geral, todos aqueles que são chamados por Deus para um desses ministérios trazem essas características inerentes ao próprio chamado.

Qual é, então, a característica da pessoa que se sente chamada ao ministério da pregação? Meditando sobre isso, encontrei a resposta em 1Cor 9,16, quando São Paulo afirma: "Anunciar o Evangelho não é glória para mim; é uma obrigação que se me impõe. *Ai de mim*, se eu não anunciar o Evangelho!" (grifo nosso). Fiquei pensando no que *obrigava* São Paulo a propagar o Evangelho. Não parecia existir uma imposição externa, ou seja, alguma realidade estrutural que lhe pressionasse a fazê-lo. É sabido que São Paulo sempre foi muito autônomo em relação à Igreja de Jerusalém, onde estava o Papa. Portanto, sem dúvida alguma, esse elemento era de caráter interno.

Cheguei à conclusão de que em Paulo havia uma *inquietude* tal que, se não falasse, se não anunciasse o Evangelho, ele poderia perder o próprio equilíbrio interior. Paulo precisava falar. Ele não se sentia apenas *convidado* a pregar, mas *enviado*, impulsionado por uma realidade que estava além de si mesmo e era maior do que suas próprias resistências. Por isso, apesar de ter um "espinho na carne" (cf. 2Cor 12,7), Paulo converteu-se num desbravador, correndo riscos incomensuráveis para falar de Deus. Hoje em dia, pretensos pregadores não querem correr o risco nem de macular a própria imagem diante das pessoas, por isso não pregam se não tiverem a certeza de que obterão sucesso. E essa certeza, no ministério da pregação, quase nunca se tem. Só a confiança e o abandono podem garantir alguma coisa.

A *inquietude* é a característica que identifica maiormente um pregador. O texto bíblico da vocação de Isaías, ao qual me referi anteriormente, pode ser colocado em relação ao da Primeira Carta aos Coríntios, confirmando essa proposição: "Porém, um dos serafins voou em minha direção; trazia na mão uma brasa viva, que tinha tomado do altar com uma tenaz. Aplicou-a em minha boca..." (Is 6,6-7a). A brasa que foi colocada na boca de Isaías pode ser comparada à inquietude interior de São Paulo. Talvez ninguém tenha, algum dia, experimentado colocar uma brasa acesa na boca. A sensação deve ser das mais desconcertantes. É mais ou menos essa a sensação de alguém que se sente chamado à pregação: uma experiência que o obriga a não ficar calado, mesmo que haja inúmeras razões adversas, que não se sinta preparado ou coisa parecida. Esse servo se formará no exercício do trabalho o qual sente que *precisa* realizar. Note-se que depois de colocada a brasa na boca de Isaías, tornam-se latentes as duas dimensões do chamado: o *convite*, em forma de pergunta ("Quem enviarei eu?") e o *sentir-se enviado,* presente na resposta efetiva, pronta, ousada: "Eis-me aqui, enviai-me".

É necessário, no entanto, não confundir essa inquietude com aquela ânsia por falar, quase sempre sem ter conteúdo para as palavras. Isso é tagarelice. Nem, tampouco, deve associar-se à inquietude do pregador aquela necessidade de dizer algo para mostrar que sabe pregar, ou à atitude típica do fanfarrão,[1] que quer falar para se autoafirmar no que faz. Um pregador autêntico é, ao mesmo tempo, sereno e capaz de esperar; também está disposto a anunciar onde ninguém quer fazê-lo, na certeza de que nem todos escutarão sua mensagem.

Não é à toa que o anúncio do Evangelho, em várias ocasiões, está associado aos pés. Em Is 52,7 está escrito: "Como são belos sobre a montanha *os pés* do mensageiro que anuncia a felicidade, que traz as boas novas e anuncia a libertação...". São Paulo refere-se ao assunto em Ef 6,14-15 da seguinte forma: "Ficai alerta, à cintura cingidos com a verdade, o corpo vestido com a couraça da justiça e *os pés* calçados de prontidão para anunciar o Evangelho da paz". Além disso, alguns gestos nos levam a fazer essa associação, como, por exemplo, quando na missa ou fora dela ficamos *de pé* para ouvir a proclamação do Evangelho.

Os pés, portanto, caracterizam o anúncio do Evangelho, e, dessa forma, não há como deixar de relacioná-los também com o chamado do pregador. São os pés que possibilitam ao homem avançar, caminhar. É precisamente esse avanço que não pode deixar de existir na pessoa que se sente chamada à pregação. "Em linguagem figurada a palavra pé significa muitas vezes o homem que anda ou que está com pressa".[2] Os pés, também, na Bíblia, são símbolos de poder (colocar os pés sobre o inimigo vencido) e são os membros do corpo que deixam marcas no chão. Um pregador sempre será chamado a deixar marcas por onde passa. Quando não for ouvido, deve "bater a poeira das sandálias" (cf. Lc 10,11).

Existem pregadores que querem se exibir. Se há alguma coisa que o pregador pode exibir, são seus pés. Isso significa ser uma tes-

---

[1] Sobre o conceito de "fanfarronice", cf. Amedeo CENCINI, *Amarás o Senhor teu Deus,* p. 10-12.

[2] A. VAN DEN BORN, *Dicionário Enciclopédico da Bíblia,* p. 1149.

temunha dos caminhos do Senhor, endireitando suas veredas. A pregação faz com que o indivíduo se torne participante do Evangelho, e, se assim não for, será apenas "comentário".

Quando uma pessoa escuta a Palavra de Deus, se abre o coração sinceramente, a Palavra se torna parte dela; mas *quando prega, é ela que se torna parte da Palavra*. Isso quer dizer que o pregador é, a partir do momento em que se dispõe a anunciar, um referencial para aqueles que querem ou que precisam conhecer o Evangelho. As pessoas não ficarão apenas escutando, mas olhando seu testemunho e acompanhando seus passos.

Como ideia fundamental deste capítulo, é preciso associar o chamado ao envio, e não simplesmente ao convite. O envio está diretamente ligado à inquietude e à disposição de correr riscos para cumprir o mandato de Deus.

2

SOBRE MIM UM ÓLEO PURO DERRAMASTES

"Vós me destes toda a força de um touro e sobre
mim um óleo puro derramastes." *(Sl 91,11)*

Por várias vezes, durante a recitação das Laudes, na Liturgia das Horas, meu entendimento fixou-se sobre esse versículo. Às vezes, peguei-me refletindo e procurando descobrir o significado dessas palavras, mesmo enquanto meus irmãos de comunidade seguiam na leitura do salmo.

Minha fixação significava não só uma busca por um entendimento mais claro, mas uma atitude interior de convicção: eu sentia em mim a força dessa expressão e sabia intuitivamente que ela era profundamente verdadeira em minha vida.

Aprendi que, na literatura bíblica, o touro é símbolo de força por excelência; sua figura está associada ao poder do próprio Deus.[3] O touro era considerado como o mais forte dos animais, por isso era sacrificado em ocasiões especiais: Dia da Expiação (cf. Nm 29,8), consagração do templo (cf. 1Rs 8,63), retorno do exí-

---

[3] Cf. Manfred LURKER, *Dicionário de figuras e símbolos bíblicos,* p. 241.

lio (cf. Esd 8,35). Sua imagem foi tida como símbolo do poder de Deus, inclusive no episódio da fabricação do bezerro de ouro (cf. Êx 32,1-6), e quando Jeroboão mandou colocar estátuas em Betel e Dã (cf. 1Rs 12,25-32).

Pensava eu, que força é esta que está em mim, identificada com o próprio Deus, e que, ao invés de fazer sentir-me autos-suficiente, revela-me cada vez mais minha fraqueza e esclarece-a em uma perspectiva de humildade e submissão? Indagava em que consistia esse poder.

O esclarecimento para essa questão, pude encontrar no próprio versículo, quando o salmista expressa-se nos seguintes termos: "... sobre mim um óleo puro derramastes". Ele se refere a um tipo de unção muito comum no Antigo Testamento, cujo significado era o de uma consagração, e o sinal era o óleo derramado sobre a cabeça ou o corpo inteiro da pessoa investida. Quando Deus escolhia alguém para uma missão, o sujeito era ungido para isso por meio desse sinal (cf. 1Sm 10,1; 16,1-13). Para os hebreus, o óleo penetrava profundamente o corpo, transmitindo força, alegria, saúde e beleza.[4]

Ora, saúde e beleza nem tanto, mas força e alegria o Senhor concede abundantemente a um pregador quando o unge. Uma força interior capaz de testemunhar o Evangelho com todas as suas implicâncias; uma alegria que o leva a um anúncio vibrante da Palavra de Deus, permitindo uma perfeita união do poder divino com a fraqueza humana: daí a imagem do touro.

A força essencial de um pregador é a unção que é derramada sobre ele. Ela se confunde com a própria presença do Espírito Santo. Não é uma experiência adquirida, mas um dom *derramado*, ou seja, comunicado pelo próprio Deus e que se acomoda no interior do pregador.

---

[4] Cf. Ibid., p. 19-20.

Por sua própria natureza, a unção não é uma realidade externa ao pregador. Muitos buscam-na assim, como se para recebê-la fosse necessário um êxtase impulsivo. A unção é derramada no interior, como o óleo sobre o corpo. Ela se mistura à subjetividade e objetividade[5] do pregador para provocar uma comunicação da Palavra de Deus como que "encarnada".

Já escutei ensinos que concebem a experiência, conhecimento e técnica do pregador como um complemento, uma cooperação com a graça da unção. Essa ideia não deixa de ser verdadeira. Porém, tenho observado que a técnica e o conhecimento também são alvos da unção, porque fazem parte do todo da personalidade do pregador, sobre a qual – e sobre ela toda – se derrama a força do Espírito. Por mais experiente que seja o pregador, seu conhecimento será sempre imperfeito e, por isso mesmo, necessitado da presença e da ação poderosa de Deus. Após a unção que Samuel fez em Davi, o Espírito de Javé apossou-se dele (cf. 1Sm 16,13) – entendido como ele todo – e, em seguida, Davi foi submetido à prova de confrontar sua fraqueza ungida com a força aparente da técnica de Golias (cf. 1Sm 17,1-54). E infeliz daquele que subestimou o poder de "delicado aspecto" (cf. v. 42), o poder da unção.

Confrontando o costume hebraico com o Novo Testamento, pude, ainda, retirar um entendimento simples, mas muito acalentador. Derramar óleo sobre um hóspede, para os hebreus, era sinal de honra. Sempre me senti impulsionado a associar essa prática ao que Jesus diz em Jo 12,26: "Se alguém me quer servir, siga-me; e onde eu estiver, estará ali também meu servo. Se alguém me serve, *meu Pai o honrará*" (grifo nosso). Que atitude de honra faria o Pai

---

[5] Por subjetividade entendam-se as emoções, os sentimentos, a imaginação e a afetividade do pregador, e por objetividade, sua experiência, conhecimento e técnica.

se não o derramamento de um óleo espiritual, uma unção profética que transforma o homem de hóspede em anfitrião da graça do Espírito (cf. 1Cor 6,19)?

A unção é a força do pregador. Ela o estabelece como verdadeiro desbravador da Palavra de Deus e das intenções humanas, aumentando seu vigor na medida em que avança (cf. Sl 83,8). *A unção é o brilho inefável de Deus* que atua na natureza do pregador, fazendo-o comunicar a experiência da graça.

De nada adianta uma pregação bem preparada sem a força do Espírito de forma atual, no momento da comunicação da mensagem. É a unção que transpõe[6] os limites da lógica e da sistematização. Por vezes, a unção ressistematiza a pregação; outras vezes, enxerta-lhe ideias novas ou imprevistas; ou, ainda, eleva as preconcebidas, as atualiza ou renova-as. A unção faz com que as ideias sejam comunicadas de forma viva e eficiente. É pela unção que o ministro se faz, ele mesmo, palavra comunicada e presente.

Portanto, embora não se prescinda dela no preparo da palestra, *o momento privilegiado da manifestação da unção é na comunicação da Palavra*, quando todo o ser do pregador, de maneira particular sua memória e suas emoções, está absorvido pelo desejo de transmitir aos outros o conhecimento de Deus. A unção supõe, quase sempre, que o pregador tenha a experiência pessoal com Deus muito constante, sedimentada e presente em sua vida.

Ora, se o momento da comunicação da mensagem é o instante particular da unção, isso significa que ela se ma-

---

[6] "Transpor", aqui, não tem o significado de excluir, mas de "elevar-se acima de". Não se pode dizer que uma pregação foi ungida só porque o ministro desconsiderou o roteiro preparado, assim como não é certo afirmar que o uso de esquemas bloqueia a unção. É preciso não confundir uma eventual desvinculação do plano de pregação por causa de uma moção atual, com um displicente afastamento do tema.

nifesta especialmente na subjetividade[7] do pregador. Esta deverá ser absorvida pelo Espírito, submetida à vontade de Deus. Para isso, é fundamental que esteja *purificada das paixões*. Um pregador que tem uma subjetividade cheia de motivações estranhas ao Evangelho – autossuficiência, desejo de prestígio, busca de autoafirmação, fanfarronice, necessidade de liderança, entre outras – corre o sério risco de bloquear a unção. Ele poderá ter um bom esquema, um bom conteúdo e até mesmo uma dinâmica capaz de impressionar a muitos, mas a comunicação da mensagem ficará marcada por seus próprios anseios humanos, em vez de impregnada pelo poder do Espírito.

A subjetividade é o caminho da unção. Para que a mensagem seja transmitida adequadamente, não é suficiente ter um bom conteúdo, é necessário também um método ungido e eficiente. Alguns pregadores têm ótimas mensagens, mas não as transmitem satisfatoriamente, de maneira que os ouvintes as absorvam bem. É como conceber algo, mas não saber dar à luz. Há quem diga que primeiro alguém inventou o limpador de para-brisas, depois veio outro e o colocou para fora do vidro do carro. Assim acontece com o pregador deficiente na comunicação: não consegue externar o que compreende de Deus. *A subjetividade predomina no "lado externo" da mensagem.* Por causa disso, deve ser purificada.

De todas as paixões da subjetividade humana, talvez a que mais perturbe a vida dos pregadores seja a vaidade prazerosa, quase sempre fruto de carências afetivas. Algumas vezes o orgulho está escondido sob essas carências. A pessoa pensa que é consciente do amor que Deus tem por ela, mas no fundo não o experimenta de forma presente, permanecendo em busca de

---

[7] Isso porque, no momento da pregação, vale muito mais o equilíbrio da subjetividade que o conhecimento intelectivo.

atenção e elogios humanos, sem querer admitir sua fraqueza interior.

Aqui é preciso ter muito cuidado. *A coisa mais próxima da vaidade é a insegurança.* Se alguém pensa que não há perigo de se envaidecer porque é tímido e inseguro, e sente medo antes da pregação, está completamente equivocado. Um pregador pode passar da insegurança à vaidade com uma rapidez impressionante. Basta que à tensão e ao medo que antecedem à pregação se suceda uma sensação de deslumbramento, depois da palestra, quando constatar que ela foi benfeita. Em outras palavras: antes de pregar ele está quase sempre temeroso, mas depois que tudo sai bem, enche-se de orgulho e fica ansioso por elogios. Passa-se rapidamente da insegurança à vaidade prazerosa.

Portanto, para ser ungido, um pregador precisa ter uma subjetividade emancipada dessas coisas. Se tiver uma convicção interior de que foi e é amado, e que não necessita fazer grandes coisas para se afirmar diante dos outros e dele mesmo; se descobrir que sua realização está no que é como pessoa humana, única e irrepetível, concebida no coração de Deus para ser um dom; se tiver uma experiência forte de Deus, suficiente para vencer as más motivações do pecado; se estabelecer como meta única e absoluta a glória de Deus e o serviço aos outros; toda a subjetividade estará livre para a poderosa ação de Deus.

Não raras vezes as pessoas perguntam-me como pregar com unção. Já procurei muitas respostas e talvez nenhuma delas seja inteiramente satisfatória. Mas um caminho que aprendi a percorrer foi o da submissão completa de minha subjetividade ao Espírito. Submeto as emoções, os sentimentos, a memória, as carências, até mesmo algum eventual vazio existencial – toda a subjetividade! Ela mesma passa por um processo contínuo de formação para a maturidade, fugindo das inclinações más, dos mimos, e buscando a cura, a liberdade do Espírito, por meio da qual o Senhor encontra livre curso para o derramamento do poder na pregação.

20

A necessidade de purificação é mais evidente porque, quase sempre, a subjetividade humana está marcada por vícios capitais absorvidos durante a fase de formação e maturação da personalidade. Alguém poderia pensar que, sendo assim, a subjetividade decaída não é o melhor caminho que Deus poderia ter escolhido para comunicar sua Palavra.[8] De fato, ela é muito vulnerável e sujeita a influências diversas. Mas foi Deus que quis elevá-la à dignidade de instrumento seu, redimindo-a pela recriação em Cristo. Essa atitude é regozijo para quem compreende o plano de salvação que redimiu o homem por inteiro e que é percebido também – e singularmente – pela subjetividade.

Existe um sinal bíblico que aproxima muito da compreensão do que seja a unção e do modo como ela se manifesta: *a embriaguez.*[9] Tome-se, por exemplo, a afirmação de São Pedro diante do pasmo de seus interlocutores: "Estes homens não estão embriagados, como vós pensais, visto não ser ainda a hora terceira do dia" (At 2,15). E, maiormente, a máxima de São Paulo: "Não vos embriagueis com vinho, que é uma fonte de devassidão, mas enchei-vos do Espírito" (Ef 5,18). Não há outra imagem mais acertada. O homem que recebe a unção de Deus fica "embriagado do Espírito" e por isso faz e diz coisas *no* Espírito, como aquele que se embriaga com vinho faz e diz coisas sob efeito da bebida.

Às vezes, fico observando os bêbados e o modo como se comportam. Se não fosse trágico, seria categoricamente cômico. Conta-se que um bêbado chegou num velório e começou a cantar "parabéns pra você". As pessoas disseram: "Pare com

---

[8] Cf., a título de ilustração, o capítulo "O Evangelho na subjetividade humana", em Ronaldo José de SOUSA, *O Impacto da Renovação Carismática,* p. 25-35.

[9] Essa imagem foi bem explorada por Raniero Cantalamessa, em *A poderosa unção do Espírito Santo,* p. 9-23. Retomo aqui alguns pontos fundamentais, pela riqueza simbólica que a comparação da Escritura traz.

isso, aqui é um velório". E ele: "Por isso que eu estava achando o bolo grande demais". Outro bêbado passou diante de uma igreja do tipo pentecostal, daquelas bem exaltadas, em que as pessoas gritam sob efeito das motivações do ministro. O bêbado perguntou ao recepcionista: "Que barulho é esse?". Entusiasticamente, o recepcionista respondeu: "Meu irmão, é Jesus que está operando!" E o bêbado: "Então ele está operando sem anestesia". Dizem que um bêbado encontrou em seu caminho uma freira daquelas que usam hábito preto, bem fechado até à cabeça, deixando apenas o rosto de fora. Ele deu um soco na irmã e disse: "Reage, Batman!".

Conquanto seja apenas uma analogia, a imagem da embriaguez é muito interessante e profundamente sábia. O homem "embriagado pelo Espírito" desfruta de uma "sóbria loucura", capaz de transpor os limites do óbvio para garimpar as riquezas de Deus que estão além da razão humana. A sensibilidade espiritual é aguçada pelo mergulho em Deus e "de seu interior jorrarão rios de água viva" (cf. Jo 7,38). É verdade que muitas coisas só o fazemos se for *no* Espírito.[10]

Santo Agostinho perguntou-se como a Sagrada Escritura recorreu a uma imagem tão ousada como essa da embriaguez para significar algo essencialmente espiritual e santo. E concluiu que "somente o estado do homem que bebeu até 'perder a cabeça' pode dar uma ideia do que ocorre na mente humana quando recebe o inefável regozijo do Espírito Santo; ela quase se apaga e se torna divina, inebriando-se da abundância da casa de Deus".[11] A diferença é que, na embriaguez espiritual, o homem sai de si mesmo não para viver

---

[10] Essas palavras de Moacir Ildefonso, em uma pregação, ficaram bem gravadas em minha memória. Tomo a liberdade de usá-las aqui.

[11] SANTO AGOSTINHO Apud Raniero CANTALAMESSA, *A poderosa unção do Espírito Santo*, p. 12.

abaixo da razão, mas para estar acima dela.[12] A embriaguez material submete o homem à insensatez, enquanto que a unção eleva sua mentalidade e associa seus anseios ao poder do Evangelho.

A abertura para a unção assemelha-se à abertura para os dons efusos, que reúne objetividade e subjetividade. Aquela, por estar mais ligada ao âmbito da vontade e da inteligência, está talvez mais isenta de contradições. Esta, mais relacionada à memória, à imaginação e à afetividade, contém uma carga muito maior de elementos confusos, que podem se misturar às inspirações de Deus e deturpá-las. É por isso que, em muitos casos, o uso dos carismas vem acompanhado de emotividade exagerada, iluminismo ou intimismo, fazendo com que as pessoas atribuam a Deus aquilo que são seus próprios delírios, frutos das paixões. Mesmo o carisma de cura envolve certa porção da subjetividade; apesar de depender da liberdade do Espírito,[13] manifesta-se efetivamente em um sujeito.[14]

É por isso que se deve ter, em se tratando de abertura para a unção, mais atenção à subjetividade, purificando-se das paixões e libertando-se das insinuações do interior. São Paulo estabelece uma reflexão muito equilibrada a respeito, quando escreve sobre os carismas e seu uso:

> A respeito dos dons espirituais, irmãos, não quero que vivais na ignorância. Sabeis que, quando éreis pagãos vos deixáveis levar, conforme vossas tendências, aos ídolos mudos. Por isso eu vos declaro: ninguém falando sob a ação divina, pode dizer: "Jesus seja maldito"; e ninguém pode di-

---

[12] Cf. Ibid., p. 12.

[13] Cf. Congregação para a Doutrina da Fé, *Instrução sobre as orações para alcançar de Deus a cura*, p. 14.

[14] Cf. Ibid., p. 10.

zer: "Jesus é o Senhor", senão sob a ação do Espírito Santo (1Cor 12,1-3).

O texto foi escrito à Igreja de Corinto, uma cidade portuária muito dinâmica no comércio e também na religiosidade, mesmo antes da chegada do cristianismo. São Paulo sabia que alguns fenômenos do paganismo eram parecidos com as manifestações carismáticas do Espírito, como a glossolalia, que podia conter algum estágio de exaltação. Os coríntios, certamente advindos do paganismo, corriam o risco de confundirem as ações e de acharem que se tratava da mesma coisa. Daí a expressão de Paulo: "não quero que vivais na ignorância".

Ora, coisa semelhante acontece ainda hoje, em relação às manifestações carismáticas na Igreja, confundidas muitas vezes com práticas de outras religiões ou com episódios de ilusão coletiva provocada por uma manipulação de consciências.

Contam que uma mulher foi a uma experiência de oração da Renovação Carismática, dessas que são feitas em um final de semana. No momento da "imposição das mãos", quando geralmente duas pessoas rezam por intenção de cada participante individualmente, um dos que rezavam, supondo ter recebido uma palavra de ciência, perguntou para a mulher: "A senhora já foi ao espiritismo?", ao que a mulher respondeu: "Não, essa é a primeira vez".

A semelhança entre outros fenômenos religiosos e as manifestações carismáticas do Espírito sempre dificultou o discernimento. E isso acontece não só porque o Demônio procura imitar Deus para confundir as pessoas, mas também porque os dons são atuações de Deus predominantemente na subjetividade, que está marcada por carências e imaturidade. Os carismas efusos não são estágios permanentes, embora possam manifestar-se com frequência em uma mesma pessoa, mas são ações transitórias, atuais, quase sempre para suprir uma necessidade comunitária (cf. 1Cor 12,7-8).

Qual o referencial apresentado por São Paulo para proceder ao discernimento? Vejamos: "Ninguém pode dizer 'Jesus é o Senhor' senão sob a ação do Espírito". *São Paulo vincula o uso dos carismas ao senhorio de Jesus.* Isso procede, porque o senhorio de Jesus é um reconhecimento que o Demônio não fará jamais, pois significaria uma adesão pessoal ao Todo-Poderoso.

Na literatura bíblica, os demônios proclamam Jesus como messias, como Filho de Deus, como Santo (cf. Mt 4,3; Mc 3,11; 5,7; Lc 4,41), mas jamais o declaram "Senhor". Isso porque aqueles títulos são apenas indicações do que Deus já é, e não implicam em nenhuma opção pessoal; fariam um ato de adesão se dissessem "Jesus é o Senhor".[15]

> Senhor é o nome divino que nos diz respeito mais diretamente. Deus era "Deus" e "Pai" antes que existisse o mundo, os anjos e os homens, mas ainda não era "Senhor". Torna-se Senhor, *Dominus*, a partir do momento em que existem criaturas sobre as quais exerce seu "domínio" e que livremente aceitam esse domínio. Na Trindade não há "senhores" porque não há servos, mas todos são iguais. Em certo sentido, somos nós que fazemos de Deus o Senhor.[16]

Essa atitude de reconhecimento do senhorio de Jesus tem duas dimensões: uma objetiva e dogmática, e outra subjetiva. O reconhecimento objetivo é essencial, mas não suficiente. É necessário um movimento intuitivo, interior, pelo qual considero Jesus MEU Senhor e submeto-me a seu domínio. E esse movimento deverá ocorrer na consciência e na subjetividade da pessoa para o reconhecimento da autenticidade dos carismas, como para o

---

[15] Cf. Raniero CANTALAMESSA, *Nós pregamos Cristo crucificado,* p. 13.

[16] Ibid., p. 11.

senhorio de Cristo. É um só movimento, para aceitação de duas realidades.

Portanto, o uso dos carismas associado à confissão do senhorio de Cristo evita a confusão dos fenômenos. Mas ainda parece precaver-se apenas das insinuações do Demônio. É ele que jamais conseguiria dizer "Jesus é Senhor" e não nós. Quanto aos devaneios da pessoa humana, restam possibilidades de mistura.

É então que São Paulo intervém novamente:

> E, agora, ainda vou indicar-vos o caminho mais excelente de todos. (...) A caridade é paciente, a caridade é bondosa. Não tem inveja. A caridade não é orgulhosa. Não é arrogante. Nem escandalosa. Não buscas seus próprios interesses, não se irrita, não guarda rancor. Não se alegra com a injustiça, mas se rejubila com a verdade (1Cor 12,31b; 13,1-6).

A caridade purifica o homem. Só o amor é capaz de deixar a subjetividade humana mais livre de suas próprias paixões. Aquele que ama, desvia-se das armadilhas dos pecados mais arraigados no próprio ser. Não é à toa que o conceito de amor vem, às vezes, vinculado a sentimentos.

Pela caridade, a subjetividade abre-se para a unção, que é puríssima. Só uma subjetividade mergulhada no amor pode ser canal da unção do Espírito sem manchá-la de paixões. Este é um referencial tanto para quem quer viver os carismas quanto para quem quer pregar com unção.

Ainda assim, "vemos como por um espelho, confusamente" (cf. 1Cor 13,12a), mas vislumbramos uma certeza: a de *que a unção é real, presente e pura*. E o amor haverá de mantê-la assim, mesmo que as coisas não sejam tão claras para o entendimento. Ninguém poderá jamais ter o controle absoluto sobre as manifestações carismáticas do Espírito. O conhecimento humano será sempre limitado, até que conheça como é conhecido (cf. 1Cor 13,12b). Enquanto isso, o senhorio de Jesus livra o pregador das insinuações do mal e a caridade o protege das próprias paixões, dando livre acesso à unção do Espírito. Assim sendo, o pregador ungido atravessará os caminhos da pregação com bom senso e prudência, mas, ao mesmo tempo, com ousadia e com aquela *divina insensatez* que caracteriza os santos. Ele purificará suas intenções e será inebriado pelo Espírito que lhe dará a força de um touro.

3

TU ÉS O MEU DEUS,
EU TE PROCURO

"Ó Deus, tu és o meu Deus, eu te procuro. Minha alma tem sede de ti, minha carne te deseja com ardor, como terra seca, esgotada, sem água. Sim, eu te contemplava no santuário, vendo teu poder e tua glória. Valendo teu amor mais que a vida, meus lábios te glorificarão. Assim, vou-te bendizer em toda a minha vida, e em teu nome levantar as minhas mãos; eu me saciarei como de óleo e gordura, e com alegria nos lábios minha boca te louvará. Quando te recordo em meu leito, passo vigílias meditando em ti; pois foste um socorro para mim, e, à sombra de tuas asas, eu grito de alegria; minha vida está ligada a ti, e tua direita me sustenta." *(Sl 63,1-9)*

Para esse tema utilizo a tradução da Bíblia de Jerusalém. Devo começar a aplicação desse texto, partilhando uma experiência pessoal. Um tempo atrás, eu saí para fazer um retiro pessoal. Eu tinha ido passar três ou quatro dias numa casa de oração. Quando cheguei e comecei a me preparar para entrar em clima de retiro, sentia-me impotente, completamente fraco, sem nem mesmo saber por onde começar. Não sabia como chegar à oração, como me aproximar da contemplação e me encontrar com Deus naqueles dias.

E, que situação, depois de quase dez anos de caminhada cristã, depois de ter participado de tantos retiros, encontros, experiências de oração pessoal e comunitária, eu me encontrava, naquele momento, prestes a começar um retiro pessoal, e *eu não sabia rezar*.

Comecei, então, a questionar: "Meu Deus, o que é a oração?" Depois de tanto tempo na prática da espiritualidade, eu não sabia definir nem mesmo vivenciar o que para mim era essencial e costumeiro. Por que isso estava acontecendo? Em um ambiente como aquele – era propício para rezar –, não sabia como começar. Eu pensei: "No *que consiste a oração*, meu Deus?".

Encontrei a resposta a essa indagação no lugar esperado: na Palavra de Deus. O Senhor reverteu meu olhar para o Salmo 63. No versículo 2a diz o seguinte: "Oh! Deus, tu és meu Deus, eu te procuro". Quando me deparei com essa palavra, comecei a compreender em que consiste a oração.

A oração é uma procura, uma busca constante daquele que é. Era por isso que, depois de dez anos de caminhada, eu não sabia absolutamente por onde começar: estava ainda procurando. Na realidade, a oração não é um lugar para se instalar, nem uma experiência adquirida. É uma perene busca em que o orante permanece insistentemente tentando encontrar Àquele que seu coração ama. E se, em alguns momentos, o encontra e sente que Ele está perto, basta um "piscar de olhos" para que não mais perceba sua presença. Se em alguns momentos é capaz de passar duas ou três horas em oração, outras vezes não tem disposição espiritual para passar alguns minutos.

Eu pensei comigo: "Sim, meu Deus, a oração é essa busca insistente da alma querendo se encontrar com o Senhor!" As coisas começaram a se aclarar muito para mim. Nunca mais eu reclamei da aridez na oração. Não reclamo se estou sem vigor ou se atravesso alguma dificuldade, porque, quando eu me sinto assim, eu sei que o Senhor Deus afastou-se um pouco de mim, não para me deixar só, mas para suscitar em meu coração

30

uma sede maior por sua presença e por seu amor.[17] E para que eu volte a *buscá-lo*.

O ser humano é tendente a se acostumar com aquilo que tem todos os dias. Quando um casal apaixonado inicia sua vida conjugal, ambos passam os primeiros dias praticamente só pensando um no outro. Depois de algum tempo tudo pode ficar rotineiro e sem sabor. Mas se ficarem distantes novamente, poderão sentir a falta um do outro e recuperar o carinho mútuo.

É fácil perceber como isso acontece no dia a dia das pessoas. Jesus diz que nós entendemos as coisas humanas, mas quando ouvimos coisas espirituais não as compreendemos. Muitas vezes é preciso que Deus se afaste, para ensinar o homem a desejá-lo, como se este estivesse com sede.

"Oh! Deus, tu és meu Deus, eu te procuro." Existem traduções que, em vez de "eu te procuro", trazem: "sou madrugador junto de ti" ou "desde a aurora, ansioso vos busco". Isso revela que aquele que percorre a vida de oração deve fazer dela uma prioridade; por isso, não raro tem necessidade de rezar logo que acorda, como a primeira coisa do dia.

Mesmo as pessoas afastadas da religião aprendem a rezar assim que acordam. Para aqueles que se propõem a viver essa procura constante de Deus, vale a pena madrugar ou mesmo retardar o sono para ter momentos de intimidade com Ele. Mesmo que não o sinta, deve fazê-lo para dedicar-se à busca. Buscar o Senhor insistentemente, desde o princípio do dia.

Foi por causa dessa experiência que eu comecei a perceber porque quanto mais me esforço e intensifico a vida de oração, sinto mais sede de Deus, mais "insatisfação" com aquilo que vivencio. É exatamente por isso: na vida de oração, Deus se afasta eventualmente, para que a alma humana o continue buscando. Muita gente não entende essa dinâmica. "Quanto mais eu rezo,

---

[17] Cf., a propósito, Emmir NOGUEIRA, *Orando com o Cântico dos Cânticos*, p. 59-66.

dizem, mais assombração me aparece." Ou então: "Rezo muito, mas não sinto nada na oração". Não entendem que tudo isso é pedagogia de Deus; é sede que Ele está suscitando. Se houver água sempre, não haverá sede. Do mesmo modo, só há sede de Deus, porque Ele, em sua sabedoria divina, afasta-se oportunamente.

O salmista continua: "Minha alma tem sede de ti. Minha carne te deseja com ardor, como a terra seca, esgotada, sem água" (v. 2b). O que ele está expressando é o que acontece com todas as pessoas que praticam a vida espiritual seriamente: chega um tempo que não só a alma, mas também o corpo, de algum modo, deseja Deus. O Espírito Santo domina não só a retidão da vontade, mas também os apetites. É como assumir, no corpo inteiro, a vida de oração e conversão. Outras coisas na vida passam a ser secundárias. O corpo – porque ele também é pessoa – reagirá e desejará Deus.

Sobretudo hoje em dia, em que a sociedade humana está permeada de erotismo e sensualidade, é difícil para a maioria das pessoas compreender a necessidade da extensão da vida de conversão à dimensão corpo. Porém, quando um homem ou uma mulher chega a esse ponto de clamar na própria carne pelo Deus vivo, aquilo que é carnal passa a ser secundário. Ele não deixa de ter os desejos da carne, a vontade de desfrutar dos prazeres sensíveis, mas seu desejo de Deus submete os atrativos do prazer carnal. O pecado, embora eventualmente lhe atraia, causa-lhe ojeriza, pelo modo como corrompe o coração do homem.

Nesse estágio de vida espiritual, a existência carnal começa a enfadar. Algumas atividades podem tornar-se enfadonhas, porque estão fora de Deus, mesmo que não sejam necessariamente pecaminosas.

No versículo 3, o salmista diz: "Sim, eu te contemplava no santuário, vendo teu poder, e vendo tua glória". O que ele percebeu? Que Deus é o refúgio do orante. Provavelmente, este salmo foi escrito no tempo em que Davi estava exilado no deserto e se lembrava de quando vivia em Jerusalém, onde podia contemplar a Deus no altar do Templo.

No versículo 4, o salmista diz: "Valendo teu amor, mais que a vida, meus lábios te glorificarão". Ele percebeu que o amor de Deus é muito maior que a própria vida, do que os planos e projetos pessoais, seja do ponto de vista profissional, humano, afetivo, ou de qualquer outra natureza. Se perceber isso, uma pessoa é capaz de deixar qualquer coisa para rezar, principalmente as que são mesquinhas, como pequenos cansaços, problemas, dificuldades, mágoas ou medos.

Desde minha infância que sou louco por futebol. Acho que ninguém gostava de futebol mais do que eu. Eu era altamente fanático. Se meu time perdesse, eu ficava três dias acordado e angustiado. E se existia alguma coisa que era prioridade em minha vida, chamava-se futebol. Por várias vezes, eu deixei coisas de Deus por causa do futebol, mesmo depois de ter tido experiência com o Senhor. Lembro-me que na Copa do Mundo de 90, na Itália, eu estava agoniado para sair de uma reunião de oração, para assistir ao jogo entre Brasil e Argentina. Eu saí ansioso e fui para casa. Quando faltavam dez minutos pra terminar o jogo, a Argentina fez um gol e o Brasil saiu da Copa.

Naquele dia, senti uma angústia tão grande, que fiquei várias semanas sem dormir. Com aquela amargura dentro de mim, eu disse: "Meu Deus, na próxima copa do mundo, eu não quero mais ser assim!" Comecei, então, a priorizar a vida espiritual e a perder até mesmo aquilo que me parecia caro, para dar tempo à oração. Eu havia chegado a essa conclusão: o amor de Deus vale mais do que minha própria vida.

Antes da Copa de 94 fiz, por outras razões, um compromisso de não assistir à televisão no decorrer de um ano. Assim que acabou meu voto, ia começar a Copa. Eu prolonguei o voto e disse: "Eu não vou ver nenhum jogo dessa Copa". Não vi nenhum. Cai em tentação nos últimos minutos, quando a decisão entre Brasil e Itália estava nos pênaltis. Também, a pressão psicológica em uma final de Copa do Mundo é uma coisa terrível!

Mas, com o passar do tempo, meu esforço foi recompensado. Consegui me emancipar de qualquer fanatismo e sei dizer não à pressão psicológica que o futebol exerce sobre mim. Eu nunca imaginei que seria capaz de me libertar. De fato eu não o era. Mas o Deus, de quem eu tenho sede, veio em auxílio a minha fraqueza. O amor daquele a quem tanto busco vale qualquer coisa.

No campo específico da pregação, muitas vezes as pessoas perguntam-me: "Como é que a gente faz pra mergulhar na Palavra de Deus e descobrir as coisas que estão nas entrelinhas?" É muito difícil responder a essa indagação, pois seria tentar objetivar algo muito vivencial e espontâneo. Mas parece que, antes de tudo, é preciso penetrar na vida espiritual. *Aprofundar o sentido da Bíblia é trilhar por um caminho de revelação particular profundamente identificado com o abandono das coisas carnais e do encontro com Deus na oração formal.* Na oração pessoal formal, misteriosamente, Deus sacia nossa sede, como Ele mata a nossa fome pela Eucaristia.

No versículo seguinte (5), o salmista diz: "Assim, vou bendizer em toda a minha vida. Em teu nome, levantar as minhas mãos...". Em minha oração, eu vinha percorrendo esse caminho que o salmista fez. E quando chegou nesse versículo, eu perguntei para o Senhor o que significa "levantar as mãos", no contexto daquilo que estava compreendendo da vida espiritual. Foi quando o Senhor colocou em meu coração que a grande oração do mundo, a maior de todas, a oração de Jesus crucificado, foi feita com os braços erguidos. E eu disse para o Senhor: "Claro! É isso! O homem espiritual descobre que só tem um lugar para sua vida: a Cruz do Senhor! Que só existe uma missão para ele, decorrente da vida espiritual: ser outro Cristo no mundo". É nesse sentido que posso afirmar: "vou bendizer-te em toda a minha vida". Um louvor feito não de palavras e gestos, mas com a efetiva entrega de mim mesmo. O próprio Jesus, quando quis pregar a Palavra, não só anunciou com a boca, mas *se deixou pregar* na Cruz.

É necessário que o pregador vá à Cruz do Senhor. Por quê? Porque, quando estiver lá, partilhará a sede de Cristo. Foi na cruz que Ele disse: "Tenho sede!" (Jo 19,28). O Pai nunca nega nada ao Filho. Então, o pregador será saciado, como Cristo o é pelo Pai.

O salmista diz, ainda (v. 6): "Eu me saciarei como de óleo e gordura, e, com alegria nos lábios, minha boca te louvará". O salmista fala de duas coisas básicas com as quais será saciado: óleo e gordura. E o que significa isso? No Antigo e no Novo Testamento o óleo significa *a unção*. Um pregador orante é saciado com a unção na pregação. Não lhe falta "óleo" na vida, no semblante e no ministério.

Os pregadores foram enviados *para converter o mundo*. Não podem ficar mendigando unção. Têm de estar sempre cheios! Têm de ter como que um celeiro, uma adega, para participar da abundância dos bens da casa do Senhor e de sua generosidade (cf. Cân. 2,4).

A gordura, no Antigo Testamento, era a parte do animal oferecida somente a Deus. A gordura significa, então, o alimento da casa de Deus. O pregador também será saciado com aquilo que vem do alto, que vem de Deus, com as coisas do Céu.

Por último, os versículos 7 a 9: "Quando te recordo em meu leito, *passo vigílias meditando*. Pois foste um socorro para mim. E à sombra de tuas asas, eu grito de alegria. Minha vida está ligada a ti, e tua direita me sustenta" (grifo nosso). Atenção: no começo, o salmista diz: "Sou madrugador junto de ti". No versículo 9, escreve: "passo vigílias meditando em ti". Aquele que acordava de manhã para buscar Deus agora passa a noite inteira pensando nele. O pregador que atingir esse estágio de vida espiritual, sua vida inteira será uma oração. Ele poderá exclamar, como o salmista: "Minha vida está ligada a ti, e tua direita me sustenta".

4

MIGALHAS
QUE CAEM DA MESA

"Jesus partiu dali e retirou-se para os arredores de Tiro e Sidônia. E eis que uma cananeia, originária daquela terra, gritava: 'Senhor, Filho de Davi, tem piedade de mim! Minha filha está cruelmente atormentada por um demônio'. Jesus não lhe respondeu palavra alguma. Seus discípulos vieram a ele e lhe disseram com insistência: 'Despede-a: ela nos persegue com seus gritos'. Jesus respondeu-lhes: 'Não fui enviado se não às ovelhas perdidas da casa de Israel'. Mas, aquela mulher veio prostrar-se diante dele, dizendo: 'Senhor, ajuda-me!' Jesus respondeu-lhe: 'Não convém jogar aos cachorrinhos o pão dos filhos'. 'Certamente, Senhor, replicou-lhe ela, mas os cachorrinhos ao menos comem as migalhas que caem da mesa de seus donos...'. Disse-lhe, então, Jesus: 'Ó mulher, grande é tua fé! Seja-te feito como desejas'. E na mesma hora sua filha ficou curada." *(Mt 15,21-28)*

Essa é uma história muito conhecida dos pregadores que, conforme se supõe, são leitores assíduos da Bíblia. O caráter dessa mulher cananeia é um exemplo formidável de perseverança na oração e confiança em Deus. Vou tentar expor os fatos bíblicos a ela relacionados de forma mais detalhada, fazendo uma aplicação específica.

Jesus saiu de Jerusalém depois de uma discussão com os fariseus (cf. Mt 15,1-21). Foi para os arredores de Tiro e Sidônia, ou seja, para fora de Israel, com a intenção de se ocultar (cf. Mc 7,24b). Isso significa dizer que não foi Jesus que encontrou a mulher, mas foi ela que encontrou Jesus. A cananeia assumiu uma atitude de procura, de busca, com um fim determinado; no caso, a cura da filha.

Diz o Evangelho que a mulher, ao encontrar Jesus, gritava insistentemente: "Senhor, Filho de Davi, tem piedade de mim!", acrescentando o motivo daquela petição: "Minha filha está cruelmente atormentada por um demônio" (v. 22). A oração da cananeia, portanto, já começou com bastante intrepidez e insistência, o que é típico dos grandes orantes da Bíblia.[18] Os grandes orantes da Bíblia são essas pessoas comuns, que conseguiram atingir o coração do Senhor com seus pedidos impávidos e persistentes (cf. Lc 7,36-47; 17,11-19; 18,13-14; Mc 10,46-52). Vê-se que a cananeia chegou sem timidez e encheu sua oração de espontaneidade.

O mais interessante é que diante de toda essa intrepidez, *Jesus permaneceu calado*. Ele não respondeu palavra alguma. Essa situação é bem parecida com a de algumas pessoas que, hoje em dia, se extasiam em oração, por vezes desesperadas, angustiadas e perdidas, mas o Senhor permanece calado, como se estivesse imune à situação. Quantas pessoas não esfriam na oração ou até abandonam a fé por causa disso. Não compreendem que esse é um estágio de crescimento na caminhada de espiritualidade. Quando isso acontece, Deus não se esqueceu do orante, mas o está considerando digno de prova.

A aridez e a secura na oração não são sinais de regressão, mas de crescimento; não é perda da intimidade, mas caminho para a

---

[18] Quando falo de "grandes orantes da Bíblia" não estou me referindo aos discípulos de Jesus. Parece que esses são os que menos sabiam rezar (cf. Lc 11,1; Mt 26,40).

maturidade. Como seria bom se as pessoas compreendessem isso. Não se sentiriam atingidas pela carência de satisfações e abraçariam a vida de oração como se abraçassem a própria cruz de Cristo. Entendido no contexto da relação de Deus com o homem, dentro de um processo formativo, é assim que Deus faz avançar: pela aridez, que é *fase seguinte*, progresso no caminho da espiritualidade e, sobretudo, prova de fé e confiança.

Por si só, essa atitude de Jesus sugere um mistério. Deus é amor e está sempre pronto para acolher as pessoas que a Ele se dirigem sinceramente; é próprio de Deus buscar cada indivíduo, como o pastor faz com suas ovelhas. Mas nessa história aconteceu coisa contrária. A cananeia era uma mulher que não tinha fé, no sentido de que não pertencia ao povo judeu; ela conseguiu encontrar Jesus, derramou sua vida, sua necessidade, e Jesus simplesmente nada respondeu.

Depois disso, a reação normal da cananeia seria decepcionar-se com aquele de quem ouvira falar grandes coisas. A fama de Jesus era imensa e, certamente, aquela mulher foi até Ele porque acreditava que ele realmente fazia milagres e salvava as pessoas. A própria narração do Evangelho nos induz a crer que a cananeia, embora não conhecesse Jesus pessoalmente, sabia de seus feitos prodigiosos. O que se podia esperar depois do silêncio do Mestre era uma decepção, como acontece com muitas pessoas que, hoje em dia, pedem coisas – às vezes mesquinhas, frutos das próprias paixões –, e quando não recebem adotam para si uma imagem de Deus bem diferente do que realmente Ele é.

Naquela circunstância, os discípulos vieram a Jesus *com insistência,* dizendo: "Despede-a: ela nos persegue com seus gritos" (v. 23b). Isso significa que a cananeia continuava gritando e que Jesus permanecia sem dizer nada; esse movimento foi até ao ponto em que os discípulos se incomodaram e acabaram assumindo uma postura de intercessão: quando dizem "despede-a", não querem dizer "mande-a embora", mas "dê logo o que essa mulher quer para que nos deixe em paz". Note-se que Jesus, em certo momento, além dos gritos da mulher, teve de aturar os pedidos dos discípulos.

Enfim, Jesus resolveu dizer algo, se bem que não foi nada satisfatório: "Não fui enviado se não às ovelhas perdidas da casa de Israel" (v. 24). Em outras palavras: "Eu não tenho nada a ver com essa mulher", ou ainda: "Isso não é problema meu, devo me preocupar com o meu povo". Se ficar calado já era um motivo para a decepção, imagine o peso emocional de uma resposta como essa. Não se sabe se essa afirmação de Jesus chegou a seus ouvidos, mas se isso aconteceu, só havia uma coisa a esperar. Agora sim, a cananeia haveria de desistir. Mas, contra qualquer expectativa, ela foi *prostrar-se* aos pés de Jesus, num gesto de humilhação cabal: "Senhor, ajuda-me". Essa é a atitude dos grandes santos: humilhar-se. A cananeia assemelhou-se ao próprio Jesus.

Quando se pensou que o coração do Messias havia se sensibilizado e que ele iria resolver o problema da mulher, Jesus disse: "Não convém jogar aos cachorrinhos o pão dos filhos" (v. 26). Em minha modesta opinião, essa é a mais dura palavra de Jesus que foi escrita nos evangelhos. A situação daquela mulher era bastante desfavorável: a filha atormentada por um demônio, crendo sem possivelmente nunca ter visto Jesus operar algum milagre, humilhando-se na oração diante das pessoas e do próprio Jesus. Mas, ao mesmo tempo, esperançosa quanto à força daquele homem de quem ouvira falar; para ela, deve ter sido extremamente difícil aguentar tal sentença do Filho de Deus.

Nem as palavras ditas aos fariseus, como: "Ai de vós, hipócritas" (cf. Mt 23,13) ou a Herodes: "Ide dizer a essa raposa" (cf. Lc 13,32), foram tão incisivas. Até porque os fariseus recebiam as acusações de Jesus com espírito altivo; a cananeia, por sua vez, recebeu uma resposta contundente já humilhada pela dor. A ferida é bem maior quando se recebe uma coisa negativa na fraqueza e na humilhação.

Mais atingida que os vendilhões do templo (cf. Jo 2,13-25), só seria possível esperar que essa mulher se rendesse definitivamente e desistisse de conseguir o que queria. Mas que surpresa! Que maravilha! Que fé! Que sabedoria: "Certamente, Senhor, replicou-lhe ela, mas os cachorrinhos ao menos comem as migalhas que caem da mesa de seus donos" (v. 27). De todas as palavras de sabedoria que a Bíblia traz, essa é a que considero mais fantástica, pelas circunstâncias em que estava inserida a pessoa que a disse. E – o que é mais importante – dita ao Senhor da sabedoria.

Desconheço qualquer outro episódio em que Jesus é "desconcertado" por uma expressão. Ele que estava acostumado a colocar os fariseus e o povo em "maus lençóis", quando questionado sobre coisas controversas e que se saia formidavelmente bem (cf. Jo 8,1-11; Lc 20,1-8; Mc 12,13-17; Mt 9,10-13); que era acostumado a deixar seus interlocutores embaraçados, nesse episódio – misteriosamente – Ele se deixou embaraçar por uma mulher estrangeira.

A cananeia, por assim dizer, colocou Jesus numa situação em que Ele não podia mais fugir. Não há outro exemplo de algum personagem bíblico que dê uma lição maior de perseverança na oração, de insistência e, acima de tudo, de confiança. Ela extrapolou os próprios limites e foi até o fim. Ela conseguiu – pelo desígnio de Deus, é claro – convencer Jesus.

Fico pensando que só há uma coisa que possibilitou à cananeia perseverar até o fim, *ela era experimentada nos sofrimentos*. Essa experimentação fez com que fosse capaz de dizer uma palavra de sabedoria depois de uma resposta tão dura da parte de Jesus. Sua história anterior não é conhecida, mas é côngruo supor que já fazia muito tempo que ela buscava libertação para a filha. Isso a experimentou nos sofrimentos, dando-lhe coragem e resistência. A partir daí, é possível perceber que o sofrimento é marca da pessoa orante.

Mas talvez a lição mais importante para a vida dos pregadores esteja implícita na expressão: "... os cachorrinhos ao menos comem as migalhas que caem da mesa de seus donos". Para mim, essa declaração esconde uma característica fundamental de uma oração madura e crescida, essencial para a vida do pregador. *A maturidade da oração inclui saber viver do pouco.* Alguns pregadores esperam que Deus lhes dê grandes moções, quando as migalhas de sua mesa são suficientes para alimentá-los e ainda transbordar para outros, como aconteceu na multiplicação dos pães (cf. Jo 5,5-13). Às vezes, ficam esperando grandes, constantes e abundantes revelações particulares, para se sentirem enviados. Ou então, quando não as têm, não sabem como preparar suas palestras.

Ora, não sendo um grande místico, homem de experiências profundas, nem recebendo muitas palavras de Deus na oração, o pregador tem de aprender a viver das migalhas que caem, ou seja, das poucas palavras, das pequenas moções, da brevidade dos sentimentos inspirados. Pequenas imagens, simples termos, singelos sentimentos podem conter verdadeiros tesouros de pregação que, por displicência espiritual, ele não os encontra, pois fica esperando algo mais transbordante.

Isso não significa dizer que se pode relaxar na vida de oração e que não há necessidade da ascese e da intimidade com Deus. Mas é preciso compreender que certas limitações espirituais não são obstáculos ao ministério da pregação, desde que haja uma confiança inabalável naquele que ama eternamente e que não se guia por algum punhado de méritos alcançados, mas dá por pura misericórdia, mesmo que por meio do pouco.

Certa vez, atendi uma pessoa que estava com muitos problemas. Eu a escutei por uma ou duas horas. Depois ela olhou para mim e ficou como que esperando uma resposta, uma solução. Não raras vezes é assim que as pessoas se comportam quando buscam conselhos: apresentam o problema e querem soluções prontas. Eu perguntei para ela se já havia apresentado aquela situação ao Senhor em oração. Afinal, a Palavra de Deus diz que devemos oferecer a Ele todas as nossas preocupações (cf. Fl 4,6), porque Ele tem cuidado de nós (cf. 1Pd 5,7). Ela respondeu que sim e que, por várias vezes, vinha em seu coração a palavra "paciência". Era *tudo* o que o Senhor lhe havia "dito".

Aí então eu comecei a fazê-la refletir sobre o significado dessa palavra numa circunstância como aquela. O termo "paciência" poderia tê-la levado, por exemplo, ao texto de Eclesiástico 2,1-6. Nele, a Palavra de Deus aprofunda o significado desta palavra, associando-a à provação pela humilhação. A meditação desse texto favoreceria a compreensão mais clara da situação por que passava e do modo como deveria encará-la. Bastava adotar uma leitura orante do texto. Lembrei também da opinião de Santa Teresa D'Ávila: "A paciência tudo alcança". Se Teresa disse isso, deve tê-lo experimentado na própria vida. Então, qual seria um possível próximo passo? Ler a biografia de Santa Teresa. Certamente, os exemplos contidos em sua vida seriam esclarecedores e fortaleceriam a pessoa, capacitando-a a superar seus problemas.

Alguns pensam que quanto mais crescem na caminhada espiritual, mais palavras vão obter de Deus na oração, quando pode ser exatamente o contrário. É possível que aconteça o oposto: que o Senhor adote a prática de falar menos, para ensinar a pessoa a viver do pouco. No exemplo referido, a palavra "paciência" é a migalha; as atitudes que se seguem com o texto de Eclesiástico e a vida de Santa Teresa D'Ávila são a multiplicação, a experiência da fé e da oração perseverante.

Um pregador ungido deve acender a convicção de que as migalhas do Evangelho são suficientes para alimentar sua pregação. Elas são, por sua própria natureza, *abundância escondida* de Deus, que confunde a mente dos mais lógicos. Não há necessidade de ficar esperando grandes revelações e inspirações. É preciso aprender a usar pequenas moções que contêm em si a imane mensagem do Evangelho. É mister buscar somente o necessário, e *o necessário é muito pouco.*[19] É que a mentalidade secular induz ao consumo e projeta carências de muitas coisas supérfluas. O lanço dessas carências na vida espiritual provoca a necessidade de fazer da vida

---

[19] Colho essa expressão de meditações informais de Reinildes Lacerda Wanderley, durante partilha na comunidade de vida.

mística um "shopping center" de consolações e novidades transcendentais.

No Nordeste do Brasil é comum existirem cantadores repentistas. Usam a viola e a voz para fazerem versos de improviso, a partir de um tema que lhes dão na hora. É um dom excepcional. De certo modo, e sobretudo em algumas ocasiões, é imperativo ser "pregador violeiro": o Senhor dá o mote e a pessoa desenrola. E não é difícil para quem tem experiência de Deus, chamado à pregação, "rimar" as palavras, ou seja, saber convergir pequenas inspirações com grandes mensagens bíblicas; reunir fatos, histórias, piadas, tudo dentro de um mesmo conteúdo, bem sistematizado, como um pregador-poeta, que constrói os versos de uma pregação ungida. Como é bonito ver alguém com tal habilidade. Que dom maravilhoso do Espírito!

O trajeto espiritual da cananeia é belíssimo: começa pelos gritos, passa pela perseverança, em seguida pela humilhação e depois salta para a sabedoria. Por fim, as migalhas. Foram elas que libertaram sua filha. Talvez esse possa ser o trajeto de muitos, na vida de pregação: primeiro, o discurso não passa de gritos; mas, pela perseverança, chega-se à humilhação. Depois da humilhação vem a sabedoria: uma pregação cheia de sabedoria, fruto de uma vida de oração intensa. Por fim, as migalhas: aprende-se a viver do pouco. Chega-se à maturidade como pregador. Nesse momento, experimenta-se na vida de oração aquilo que Jesus disse no Evangelho: "Não multipliqueis as palavras" (Mt 6,7). O relacionamento entre Deus e a alma orante será o *encontro do pouco*, mas gerador de uma fecundidade profusa para o mundo.

Um tempo atrás sofri muito com uma dúvida que me assolava. Muitas pessoas acusavam-me de "só rezar" e não fazer nada. Rezar, portanto, para muitos, não significava coisa nenhuma, era como fé sem obras: morta. Estava confuso e apresentei ao Senhor minha dúvida. Disse: "Senhor, quero servir-te sinceramente. Se estiver no rumo errado, mostra-me. Estou disposto a mudar e fazer qualquer coisa para isso". Foi quando o Senhor me moveu para o trecho do profeta Isaías que diz:

Tal como a chuva e a neve caem do céu e para lá não volvem sem ter regado a terra, sem a ter fecundado, e feito germinar as plantas, sem dar o grão a semear e o pão a comer, assim acontece à palavra que minha boca profere: não volta sem ter produzido seu efeito, sem ter executado minha vontade e cumprido sua missão (55,10-11).

E eu senti como se Deus me dissesse: "Assim como minha palavra não volta sem fazer efeito, *nenhuma palavra* sua que se dirige a mim volta sem resultado". Tive a convicção de que Deus também se aproveita de minhas migalhas e as multiplica. Compreendi que minha oração sincera e no nome de Jesus tem um poder incomensurável, misterioso, que os homens carnais não podem entender.

Outra vez eu estava para começar uma reunião de oração. Cansado e com o ânimo abatido, questionava sobre a utilidade daquilo. Dizia comigo mesmo: "Vou coordenar outra vez uma reunião. Tudo me parece tão repetitivo. Os mesmos gestos, as mesmas orações, a mesma dinâmica". Aquilo parecia uma tarefa interminável. E quando eu fui apresentando ao Senhor minha angústia, Ele me fez perceber, em um movimento interior de minha consciência e sentimentos, que tudo isso tem muito sentido. Ele me fez ver que *o pecado se alastra no mundo pela repetição*. Não existem pecados novos a cada dia. Eles podem até assumir novas formas, mas é sempre a mesma coisa: adultérios, roubos, mentiras, entre outros muito comuns. Um roubo aqui e outro ali geram uma cultura de corrupção. Um adultério aqui, outro ali, e logo se tem uma sociedade depravada em suas práticas sexuais. É sempre assim: o pecado se repete e, pela repetição, ele se alastra.

Por isso faz sentido repetir também o louvor, a entrega, a oração, os cantos, a intercessão. *Nesse universo de repetições, o amor se alastra*, Deus atua e o Evangelho cresce. Mas ficar como os homens modernos, sempre ávidos por novidades, é ressoar como címbalo e nada construir de efetivo (cf. 1Cor 13,1). É preciso aprender a repetir perseverantemente.

Muitas pessoas fazem uma experiência com Deus por meio de um momento de oração marcante. Ainda que estejam afastadas de Deus há muito tempo, depois dessa experiência, tomam novo gosto pela oração: as palavras fluem, o louvor transborda e a emoção aflora. É muito bom viver isso.

Mas, *felizmente*, essa espontaneidade não dura toda a vida espiritual. Deus submete o indivíduo à prova também pela possibilidade de exercitar uma vida de oração combatente, movida pela força da decisão e da retidão da vontade e não apenas porque o agrada. Algumas pessoas, quando enfrentam essa situação na vida de oração – esfriamento e pouca fluência – sentem-se motivadas a desistir de rezar ou então se deixam abater, como se tivesse passado a "fase boa" da vida com Jesus.

Ora, Deus está oferecendo a possibilidade de perceber suas graças sob outra dimensão. Não há por que esvanecer-se em saudosismos infrutíferos. Se era bom rezar com fluência, a segunda graça – orar com a retidão da vontade – excederá a primeira. Se a oração cheia de sabor era uma graça de vitória, quanto melhor será vencer pela via do puro amor, longe das consolações e mergulhados na aridez. O esplendor do edifício espiritual que será construído dessa forma será maior que o primeiro (cf. Ag 2,3-9).

Isso não significa dizer que haverá uma racionalização da vida de oração, prescindindo da emotividade. O orante permanece sensível à ação de Deus na subjetividade, aberto à ação do Espírito nos sentimentos; vibra com amor apaixonado pelo Senhor e sua obra; suspira e encanta-se ao ser atingido pelo amor. Mas o Senhor estará se apossando de outras áreas de sua vida, até que ele seja *todo inteiro* de Deus.

Deus é muito acertado. Ele dá pouco porque é com ele que o homem sabe viver melhor. O pouco deixa-o mais livre para os rumos novos que Deus propõe sempre. É como viver aquela ordem de Jesus: "Não leveis nem ouro, nem prata, nem dinheiro em vossos cintos, nem mochila para a viagem, nem duas túnicas, nem calçados, nem bastão; pois o operário merece seu sustento" (Mt 10,9-10).

Por fim, devo comentar e retirar lições do episódio da multiplicação dos pães, para dizer que o Reino de Deus reserva-nos um *pouco abundante*. São João narra-o assim:

> Jesus levantou os olhos sobre aquela grande multidão que vinha ter com ele e disse a Felipe: "Onde compraremos pão para que todos tenham o que comer?" Falava assim para o experimentar, pois bem sabia o que havia de fazer. Felipe respondeu-lhe: "Duzentos denários de pão não lhes bastam para que cada um receba um pedaço". Um de seus discípulos, chamado André, irmão de Simão Pedro, disse-lhe: "Está aqui um menino que tem cinco pães de cevada e dois peixes... mas que é isto para tanta gente?" Disse Jesus: "Fazei-os assentar". Ora, havia naquele lugar muita relva. Sentaram-se aqueles homens, em número de uns cinco mil. Jesus tomou os pães e rendeu graças. Em seguida, distribuiu-os às pessoas que estavam sentadas e igualmente dos peixes lhes deu quanto queriam. Estando eles saciados, disse aos discípulos: "Recolhei os pedaços que sobraram, para que nada se perca". Eles os recolheram e, dos pedaços dos cinco pães de cevada que sobraram, encheram doze cestos (Jo 5,5-13).

O trecho trata de um dos maiores milagres realizados por Jesus Cristo no decorrer de seu ministério público. Jesus atravessou o lago da Galileia, subiu a um monte e sentou-se com seus discípulos. Mas uma grande multidão seguiu-o, para ouvir sua palavra ou talvez para ver os prodígios que fazia. O dia começou a declinar e surgiu um grande problema: onde encontrar comida para todas aquelas pessoas? Eram cerca de cinco mil homens, sem contar as mulheres e as crianças. Duzentos denários[20] de pão, segundo Felipe, não bastavam para que cada um comesse apenas um pedaço.

---

[20] Seis meses de salário de um operário não especializado.

Era, de fato, um grande problema, que Jesus intencionalmente transferiu para seus discípulos: "Onde compraremos pão para que todos estes tenham o que comer?", perguntou. O problema não era só arranjar o dinheiro, mas também onde comprar os pães. O que estava ao alcance eram cinco pães de cevada e dois peixes, de posse de um menino.

Fico imaginando-me nesta situação: tendo cinco pães e dois peixes diante de cinco mil pessoas famintas, no fim do dia, longe de qualquer ponto de venda. O que eu teria feito? Muito provavelmente, por causa de meu egoísmo, teria escondido os pães e os peixes para comer sozinho ou para dividir apenas com familiares e amigos mais achegados. Talvez pensasse: "Não dá para alimentar todo mundo mesmo, então devo comê-los só; pelo menos *eu* não morrerei de fome".

Felizmente, esse menino não era igual a mim. O Evangelho dá a impressão de que ele se dispôs facilmente a dar seu alimento, mesmo sem saber o que Jesus faria com ele. Talvez o comesse sozinho ou dividisse com alguns privilegiados e nem mesmo lhe oferecesse um pedaço.

Esse menino é um exemplo claro do abandono e da confiança absoluta em Deus. Ele é sinal de doação e de partilha desinteressada, é testemunho para um mundo tão individualista e perdido na busca por coisas materiais. Ele é instrumento de Deus para manifestar ao mundo o poder daquele que tem tudo em suas mãos.

Muitos veem nesse trecho do Evangelho apenas o feito de Jesus; mas é impressionante a presença divina no coração dessa criança desconhecida, que não teve nem mesmo o privilégio de ter seu nome escrito nas páginas sagradas. Talvez Jesus não "pudesse" fazer esse *grande* milagre se não fosse a *pequenez* de tal menino.

O que Jesus terá sentido quando recebeu aqueles pães e aqueles peixes? No que terá pensado antes de mandar que todos se assentassem? Diz o Evangelho que Jesus pegou o pão e rendeu graças. Que palavras terá dito em sua oração? Talvez tenha pronunciado a bênção costumeira, mas penso para mim que Jesus disse algumas coisas espontaneamente, que foram escritas em outra parte do Evangelho: "Pai, Senhor do céu e da terra, eu te dou graças porque escondeste estas coisas aos sábios e inteligentes e as revelaste aos pequeninos" (Lc 10,21b). Essas palavras devem ter saltado de seus lábios cheias de alegria, exultante que estava pela sabedoria de Deus em revelar-se aos que nada são aos olhos desse mundo (cf. Lc 10,21a).

O mundo precisa de mais pessoas como esse menino, o mundo precisa de mais cristãos assim: que não tenham medo de dar o pouco que têm, mesmo sem saber o que dele Deus irá fazer. Homens maduros, mas com o coração de criança, confiantes e absolutamente abandonados na providência de Deus. São esses homens e mulheres que poderão ser instrumentos para grandes milagres.

A entrega feita por esse menino desconhecido é total e gratuita. Não cobrou os pães nem os peixes, nem mesmo depois que se tornaram doze cestos cheios. Poderia ter exigido o pagamento com juros, mas não o fez. Não apareceu para ser elogiado, mas saiu de cena, onde talvez não entraria se não fosse trazido por André. "À vista desse milagre de Jesus, aquela gente dizia: 'Este é verdadeiramente o profeta que há de vir ao mundo'." O reconhecimento foi para o Mestre, enquanto que o menino sumiu para nunca mais aparecer; ainda hoje passa despercebido dos olhares de tantos. De fato, o mundo precisa de homens como ele.

5

O SILÊNCIO É A METADE DA PALAVRA

Quero tratar de um tema singular e, até certo ponto, estranho para os pregadores: o silêncio. Muitos não lembram que ele faz parte da vida do ministro de pregação. Isso porque os pregadores têm como característica básica *o falar*. Por força do ministério (que obriga a estar sempre falando), acabam esquecendo que, em boa parte do tempo, é necessário silenciar.

Já participei de alguns encontros de pregadores, em que quase todos se preocupavam em falar, procuravam oportunidades de dizer algo. Parecia que tinham muito para dar e quase nada para receber, principalmente de pessoas menos experientes. Essa ansiedade, até certo ponto natural, não deixava de esconder uma aflição interior típica da falta de quietude espiritual.

Começo chamando a atenção para esta frase: "O silêncio é a metade da palavra".[21] A metade, evidentemente, não é uma coisa completa. Para que uma coisa seja acabada, precisam existir as duas metades. O que acontece, por exemplo, se um casal se se-

---

[21] Cf. Cristina Kaufmann, In. *Dicionário Teológico da Vida Consagrada,* p. 1035.

para? Embora o marido e a mulher continuem sendo quem são individualmente, a família se desfaz.

Quando se afirma, então, que *o silêncio é a metade da palavra*, diz-se aos pregadores que se eles não tiverem a capacidade de silenciar do mesmo modo como possuem a audácia de falar, sua pregação não será completa. São duas metades! Elas se integram: o silêncio e a palavra. Um pregador tem de falar destemidamente quando está no púlpito, mas, em outros momentos da vida, deve encontrar oportunidades para silenciar.

O silêncio, também, pode ser chamado de "o lado noturno da palavra",[22] seu sono. O sono restaura as forças. O silêncio é aquele repouso da voz e da pregação; nele, novos conteúdos são descobertos e aprofundados. Se a palavra é a ação, o silêncio é o descanso. Há pregadores que reclamam do cansaço. Aí está o descanso: no silêncio. É o lado noturno da palavra. Se não houver repouso, não haverá trabalho frutuoso.

O próprio Cristo ensinou isso com gestos concretos. Jesus passou praticamente trinta anos no silêncio de Nazaré.[23] Durante a maior parte de sua vida, Ele não apareceu, não se manifestou. Os evangelistas nada escrevem sobre Jesus, referente a esse período de sua vida, com exceção de sua estada no templo, aos doze anos.

Hoje em dia, muitas pessoas procuram dar explicações para o que aconteceu com Jesus durante o tempo de sua vida ao qual o Evangelho não se refere. Essas pessoas vivem interrogando-se: o que foi que aconteceu com Ele antes de iniciar o ministério público? Alguns até dizem que Ele passou esse período ensinando ioga no Extremo Oriente.

Parece que a única explicação plausível é o silêncio. Jesus ficou trinta anos em silêncio, para conceber o essencial de sua pregação, a parte fundamental. Porque mesmo sendo Deus, foi aprendendo muitas coisas no cotidiano, pela observação, pelo contato silen-

---

[22] Cf. Ibid., p. 1037.

[23] Cf. Ibid., p. 1036.

cioso com o Pai e com os homens. Antecipou sua manifestação pública somente por causa da intercessão da Virgem do Silêncio (cf. Jo 2,1-12).

Jesus percorreu a via do silêncio desde Nazaré até à Cruz, que é sua plenitude. A Cruz é a expressão completa do silêncio. Enquanto os homens pecavam diretamente contra Deus, Jesus nada respondia em sua defesa e dirigia algumas palavras apenas ao Pai (cf. Lc 23,34-36). Jesus preparou-se, então, no silêncio de seu tempo em Nazaré, passou pelo silêncio da Cruz e foi no silêncio da noite que aconteceu o grande triunfo da ressurreição.[24] O triunfo pascal também ocorreu no silêncio.

Então, compreendido isso – que o silêncio é a metade da palavra, ou seja, aquilo que vai completar a pregação, antecedendo-a – conclui-se que não dar para pregar sem silenciar, nem ser pregador sem o exercício da mudez. É preciso calar o coração e a vida para entender a palavra e a vontade de Deus. É no silêncio que fica guardado o conteúdo da pregação.

Muitas vezes, o Senhor fala na oração, inspira o conteúdo de uma palestra, mas demora muito para que surja uma oportunidade de pregar. Em minha vida ministerial isso sempre foi muito comum. Em oração, já preparei palestras que só viria a fazer muito tempo depois. Isso acontece para que seja exercitado o recolhimento. O Senhor fala, mas é preciso guardar no coração e publicar só no momento oportuno, sem precipitação.

Quando chega a um rio, a primeira coisa que uma pessoa observa é a direção da correnteza. Isso porque, numa eventualidade, fica mais fácil de discernir como nadar ou como se salvar. Também na vida espiritual é assim. É preciso perceber como é que Deus age e em que direção Ele caminha, para depois pegar a "correnteza". Ocorre que, algumas vezes, o pregador toma o rumo contrário nos caminhos do Senhor. Na prática, ele quer viver e pregar o Evangelho a sua maneira. Esse é o "pregador Kid

---

[24] Cf. Ibid., p. 1036 e 1038.

Abelha", aquele que olha para o Evangelho e diz: "Eu quero você como eu quero".

No salmo 138 tem um versículo importante nesse aspecto: "A palavra ainda não chegou à língua e já conheceis, Senhor, a conheceis toda" (v. 4). Esse trecho é profundíssimo, inclusive porque exalta a grande onisciência de Deus. Mas é bom perceber como, na vida dos pregadores, isso é importante e fundamental. As palavras que estão sendo escritas agora sequer me chegaram à consciência, e Deus já as conhecia todas. No momento da pregação acontece a mesma coisa: antes das palavras serem ditas, Deus já as conhece. Portanto, Ele se antecede às palavras.

Ora, o que é o momento anterior à palavra? Sem dúvida, é o silêncio. Portanto, é no silêncio que Deus perscruta e conhece as palavras. E quando as palavras ainda não chegaram à boca, quando estão no interior do homem, somente o Senhor as conhece. Ali é o momento de Deus interferir nelas. Porque, depois de faladas, estão como que fora de controle. Muitos já as conhecem e vão lhes dar a conotação que quiserem. Quantas vezes coisas faladas de um determinado modo são interpretadas de outra forma por algumas pessoas.

À construção das palavras só Deus tem acesso e o domínio total. Nem mesmo o Demônio tem poder sobre ela, pois está resguardada em Deus. Esse é o momento preciso da concepção madura e coerente da pregação. Por isso é que o silêncio é fundamental: ao Senhor é entregue a edificação das palavras e entroniza-se Jesus como Senhor da pregação desde sua origem. Muitos pregadores caminham com a metade da palavra: sem silêncio. É como se tivessem uma perna só para andar.

Quando fala dos demônios, São Paulo indica que eles estão espalhados pelos ares (cf. Ef 6,12). Mas quando fala do Espírito de Deus, ele afirma que o corpo é seu templo (cf. 1Cor 6,19). Ora, quem tem mais poder, força e influência? Aquilo que está fora do homem, apenas rondando, ou aquilo que está dentro dele? Portanto, é Deus que tem influência sobre a pregação em sua origem, em sua fase de mudez.

O silêncio é o preparo da "terra" do coração, para receber a Palavra de Deus (cf. Mt 13,8). Nele, ela nasce e cria raízes, para não ser agitada por qualquer vento de doutrina (cf. Ef 4,14). O silêncio é tempo fecundante da palavra. Era o que acontecia com Nossa Senhora, quando guardava tudo no coração (cf. Lc 2, 51b).

Os cursos de pregação costumam indicar que o pregador deve estar atento a tudo, observar as pessoas e os ambientes,[25] para se utilizar disso na pregação, quando oportuno. Mas isso só é possível na medida do silêncio. Porque quando se fala demais não há tempo nem espaço para perceber o que está em redor. É exatamente pelo silêncio que o pregador adquire ou readquire o sentido, a capacidade de perceber a mensagem dos ambientes por onde ele anda.

"Mesmo o insensato passa por sábio, quando se cala; por prudente, quando fecha sua boca" (Pr 17,28). De fato, se alguém estiver no meio de pessoas que conversam sobre um assunto que ignora, qualquer intromissão revelaria sua nescidade. No entanto, se permanecer calado, além de se precaver contra eventuais equívocos, poderá ser considerado um dos sábios discorrentes por aqueles menos apercebidos.

O silêncio do pregador, além de tudo, pode ajudar outros a crescerem, dando-lhes espaço para que falem. Em alguns lugares, só aparece um novo pregador quando o velho desaparece. O silêncio é o momento em que todos são iguais e, por isso mesmo, nele não há espaço para vaidades.

A distinção é um aceno da vaidade. Mas "no silêncio não há comparações".[26] Quando alguém está pregando, distingue-se dos outros, ou porque desempenha melhor o ministério, ou simples-

---

[25] Cf., por exemplo, J. H. Prado Flores, Salvador Gomez, *Formação de pregadores,* p. 111.

[26] Cf. José F. Moratiel, *O poder do silêncio,* p. 120.

mente porque está falando enquanto todos escutam. Aqui há espaço para a vaidade. Se o pregador estiver na assembleia, sendo um com os demais, não terá do que se envaidecer. No silêncio, o pregador é um como qualquer um. Nesse sentido, o silêncio é espaço de humildade.

Alguns afirmam que na vida monástica primitiva, os monges que se afastavam para o deserto eram tão silenciosos, que o sino usado para avisar o momento das refeições, ou das orações comunitárias, só tinha a corda no lugar do badalo. Quando batia a corda no sino, eles escutavam de onde estavam.

Existe uma ordem, dita dos Cartuxos, de origem francesa, em que os monges dedicam-se o tempo inteiro ao silêncio e à oração. Cada um tem uma cabana, onde permanece durante o ano todo. Dizem que eles se encontram apenas anualmente, por ocasião da ceia pascal, e somente aí conversam um pouco. Contam que eles estavam reunidos, quando um dos monges disse: "O pão está sem sal". Depois que falou isso, acabou o tempo previsto para conversas. No outro ano, novamente na ceia pascal, outro monge falou: "Ano passado você disse que o pão estava sem sal, mas não era verdade". E novamente acabou o tempo das conversas. No terceiro ano, o Superior disse: "Vamos acabar com essa discussão que já dura três anos!".

Os pregadores têm muito que aprender da vida monástica. A contribuição que os grupos monacais deixaram para a Igreja é excepcional. Ainda hoje muitos se alimentam dos escritos desses homens que praticamente *só fizeram silenciar*. Na vida monástica, o silêncio não é apenas uma prática disciplinar. A maioria das ordens concebe-no como uma atitude, uma atitude do coração.[27]

Hoje, infelizmente, o mundo não favorece o silêncio. O mundo é muito barulhento e incentivador do barulho. É próprio da cultura de hoje. Na Idade Média, por exemplo, as pessoas eram

---

[27] Cf. Cristina KAUFMANN, in Dicionário Teológico da Vida Consagrada, p. 1039.

menos influenciadas pelos meios de comunicação. O mundo moderno é terrível. Se o salmo 50 fosse escrito hoje, o salmista diria: "Eis que nasci no barulho, minha mãe concebeu-me no ruído" (cf. Sl 50,7). Porque são muitas coisas aos ouvidos: televisão, rádio, pessoas; ninguém consegue um ambiente de silêncio, é uma coisa absurda!

Na década de 90, eu e mais um pequeno grupo de pessoas compomos uma música chamada "Imenso Amor". Na realidade, ela nasceu de um canto em línguas. Estávamos rezando em comunidade e o Senhor suscitou aquela melodia. Eu estava com o violão e comecei a cantar em línguas. Uma outra pessoa estava recebendo a interpretação, mas ela se inibiu de cantar. Quando cessou a oração, ficamos em silêncio. Então, a pessoa começou *a falar* a interpretação. Em um clima de oração e silêncio ela começou: "Eu vi um homem se entregando, dando a sua vida por amor...". Nesse momento, a vizinha ligou o rádio naquela música: "Eu tive um amor, amor tão bonito...".

O barulho acaba infiltrando-se na vida de espiritualidade. Por isso é que há uma grande dificuldade de silenciar. O homem moderno nasceu no barulho. É por isso também que muitos pregadores não têm uma pregação de bom conteúdo, fruto de um mergulho na Palavra de Deus. A Palavra de Deus não é uma televisão nem um rádio. Ela tem uma linguagem espiritual e o pregador, por sua vez, deve ter uma visão *espiritual* para compreendê-la e retê-la. E isso exige certo esforço. No uso dos meios de comunicação, para saber uma informação sobre um país do outro lado do mundo, é só apertar um botão. A Bíblia tem outra linguagem.[28] Para contemplá-la, é preciso esforço, dedicação e visão espiritual, que não se adquire do dia para a noite.

É como sair de um país para outro, onde as pessoas falam uma língua completamente desconhecida. Contam que um sertanejo chegou a São Paulo. Imagine um sertanejo em São Paulo, ele

---

[28] Cf., a propósito, Martin VALVERDE, *O silêncio do músico*, p. 17.

sofre um choque cultural terrível. No Sertão, as pessoas cumprimentam-se umas às outras na rua. Imagine se é possível fazer isso em São Paulo.

Ele foi assaltado assim que desceu do ônibus, ficou sem nada e perguntou-se: "E agora? O que vou fazer?". Olhou para um lado e para outro e pensou: "Ora, eu vou assaltar também". Pegou a faca da cintura e se escondeu atrás de um poste. Não precisava mais do que um poste para se esconder. Aproximou-se, então, um louro grandão, tipo alemão. O sertanejo saltou na frente dele e disse: "Mão pra riba!" O galego olhou espantado, sem entender nada, e foi dar um passo à frente, quando o sertanejo disse: "Não se amoigue nem faça munganga". Mais uma vez o galego não entendeu nada e tentou andar. O sertanejo, movimentando a faca, disse: "Se se bulir eu pego minha peixeira e pripino você todinho, deixo você igual uma arupemba!".

Nessa história, nem o alemão entendia o sertanejo, nem o sertanejo entenderia o alemão. Porque são linguagens culturais diferentes. Uma vez um mineiro estava falando com um paraibano ao telefone. O mineiro disse: "Uai". O paraibano respondeu: "Ôxente, o que é uai?". E o mineiro: "Uai, o que é ôxente?".

O que acontece com muitos pregadores é exatamente isso: saem de uma cultura barulhenta, que introduz ruídos na espiritualidade, para uma realidade em que precisam silenciar. Não é fácil ultrapassar essa dificuldade, mas é necessário. O pregador deve adaptar-se à cultura espiritual, se quiser perscrutar as Escrituras. E a cultura espiritual passa, necessariamente, pelo silêncio. Um sertanejo chega a São Paulo completamente desambientado, mas se ele ficar um tempo, um ano apenas, ele volta ao Sertão chiando que só panela de pressão.

Para sair da cultura do imediatismo e entrar no ritmo da contemplação, não basta apenas querer, é necessário exercitar-se. Se os monges entendem o silêncio como atitude, não apenas como ausência de palavras, no mundo secular devemos ter uma visão mais realista. Para compreender o silêncio, *é imperativo praticar o silêncio*, mesmo agindo contra a vontade de falar.

Normalmente, os monges vivem em ambientes que favorecem o silêncio, mas o homem comum, não. Ele nasce e vive na civilização do barulho. Por isso, tem de se disciplinar. Para atingir o silêncio como atitude, tem de passar pelo silêncio como etapa disciplinar, como reeducação dos hábitos. Na prática, isso se efetiva estabelecendo alguns momentos de abstinência de palavras.

O pregador também pode vigiar sobre aquilo que diz, perguntando rapidamente se são realmente necessárias aquelas palavras naquele instante. A maior parte das palavras proferidas durante um dia inteiro poderiam deixar de serem ditas. Retenham-se as palavras desnecessárias, os comentários inoportunos. O pregador que assim se comportar terá muitos frutos bons para seu ministério. Se assim não for, só deve pregar para bons entendedores, porque para esses "meia-palavra basta" (cf. Mc 7,16).[29]

---

[29] Essa observação foi feita oportunamente, após uma palestra sobre o tema, por Girlaine Gomes de Queiroz.

6

UMA VOZ CLAMA NO DESERTO

Um tempo atrás eu estava em oração e o Senhor levou-me a meditar a respeito da pessoa de João Batista. Deus começou a me "falar" algumas coisas por meio desse personagem. Penso que essas meditações podem servir muito para a vida dos pregadores. Por isso, vou mostrar a figura de João como um modelo de pregador.

Já disse que um pregador é, antes de tudo, um enviado (cf. Is 61,1). Quem anuncia a Palavra de Deus deve ir às pessoas "oportuna e inoportunamente" (cf. 2Tm 4,2). Mas João Batista conseguia fazer com que seus ouvintes viessem a ele (cf. Mt 3,5). Mas não é por isso que o considero como modelo. Afinal de contas, também os falsos profetas atraem multidões.

O que estabelece João Batista como modelo de pregador pode ser descoberto em outras passagens da Bíblia. Vou começar por citar Mt 3,1-4:

> Naqueles dias apareceu João Batista pregando no deserto da Judeia. Dizia ele: "Fazei penitência porque está próximo o reino dos céus". Este é aquele de quem falou o profeta Isaías, quando disse: *Uma voz clama no deserto: Preparai o caminho*

do Senhor, endireitai as suas veredas. João usava uma vestimenta de pelos de camelo e um cinto de couro em volta dos rins. Alimentava-se de gafanhotos e de mel silvestre.

Pelo contexto do Evangelho percebe-se que João era de uma família judaica tradicional. Seu pai era da classe sacerdotal, tanto que a anunciação do nascimento de João fora feito quando Zacarias havia sido escolhido para oferecer o sacrifício anual a Deus no "Santo dos Santos". Esse sacrifício era feito no lugar onde só quem entrava era o sacerdote escolhido.

Os pais de João Batista eram fiéis cumpridores da Lei, judeus convictos. Dedicaram, certamente, muito de seu tempo à educação do filho único do casal. Os judeus costumavam ter muitos filhos. As mulheres estéreis eram consideradas como que amaldiçoadas por Deus. Zacarias e Isabel votaram, certamente, o resto de suas vidas à educação de João. Com certeza, essa educação foi tipicamente judaica. Como sacerdote, Zacarias tinha de dar a seu filho exatamente aquilo que havia aprendido da Lei. A Lei era o caminho para a justificação. E João cresceu nesse ambiente.

Quando João atingiu a fase adulta deve ter surpreendido todas as pessoas de sua família que esperavam que ele fosse como seu pai: um fiel cumpridor da Lei à moda antiga. Talvez um sacerdote. João, no entanto, resolveu vestir-se de pele de camelo e morar no deserto. Nesse sentido, ele escandalizou as pessoas que esperavam dele um comportamento tradicional.

O profeta Isaías havia previsto que João seria *uma voz*. E parece que, quando cresceu, o Batista percebeu que os sacerdotes, os judeus, os escribas e os fariseus não eram vozes, mas apenas palavras. E o mundo daquele tempo, como o de hoje, estava cansado de palavras. Ele percebeu que não havia sido enviado apenas para dizer coisas aos judeus. Ele queria ser voz. E o que significa isso? A voz é aquela manifestação da Palavra de Deus como que encarnada *na própria pessoa*. João assumiu a Palavra em si mesmo.

Nas palavras de João as pessoas podiam esperar a manifestação da voz de Deus. Quando pregava, ele era muito claro. Aos fariseus, ele dizia: "Raça de víboras, quem vos ensinou a fugir da cólera vindoura?" (Mt 3,7b).[30] Aos publicanos, exortava: "Não exijais mais do que vos foi ordenado" (Lc 3,13); e aos soldados: "Não pratiqueis violência, nem defraudeis a ninguém" (Lc 3,14c). Muito prático! Ensinava à multidão coisas cotidianas, mas essenciais: "Quem tem duas túnicas, dê uma a quem não tem; e quem tem o que comer, faça o mesmo" (Lc 3,11). "O fato de Zacarias recuperar a voz no nascimento de João tem o mesmo significado que o rasgar-se o véu do templo, quando Cristo morreu na cruz (...). Solta-se a língua, porque nasce aquele que é a voz."[31]

Deus não receava colocar palavras na boca de João, porque quando ele falava não confundia ninguém. Ele era a voz, e não simplesmente palavras. Essa voz espalhou-se de tal maneira que, mais adiante, aconteceu o seguinte: "Por aquela mesma época, o tetrarca Herodes ouviu falar de Jesus. E disse a seus cortesãos: 'É João Batista que ressuscitou'" (Mt 14,1-2).

Qual foi a primeira pessoa que veio na cabeça de Herodes, quando escutou falar de Jesus? João Batista. Diz-se que para ser discípulo de Jesus é preciso parecer-se com Ele, a ponto de ser confundido com Cristo. No caso de João, aconteceu exatamente o contrário: Cristo foi confundido com ele. Era Jesus que estava falando e agindo, mas Herodes pensava que era João. Que imagem formidável esse pregador passou para seu povo!

Herodes foi um dos homens mais incomodados pela pregação de João. Esse dizia claramente e sem medo: "Olha, não é permitido que vivas com a mulher de teu irmão!" (cf. Lc 14,3-4). E por isso Herodes encerrou-o na prisão. O ódio de Herodíades não foi

---

[30] Aliás, o primeiro a desafiar a hipocrisia dos fariseus não foi Jesus e sim João Batista.

[31] Santo Agostinho, *Liturgia das Horas,* v. III, p. 1375.

uma reação direta contra João, mas contra a Palavra que havia sido anunciada por ele e que revelara o pecado do adultério (cf. Mc 6,18-19). Mas a afronta dirigida à Palavra concretizou-se em João, por seu martírio, porque um e outro se confundiam.

Se Jesus chorou por causa da morte de Lázaro, eu imagino o que não deve ter sentido quando soube da morte de João (cf. Mt 14,12). Afinal de contas, tratava-se do homem de quem ele havia dito: "Entre os filhos das mulheres, não surgiu outro maior" (cf. Mt 11,9-11a). E ainda dizem que o maior São João do mundo é em Campina Grande!

Note-se, mais uma vez, o que disse Herodes quando ouviu falar de Jesus: "É João Batista que ressuscitou. É por isso que ele faz tantos milagres" (Mt 14,2). Essa expressão demonstra que Herodes estava surpreendido com os milagres que Jesus andava fazendo. E interessante é que não se sabe por que Herodes fez essa associação dos milagres de Jesus com o suposto poder de João, se este não tinha feito milagre nenhum na vida (cf. Jo 10,41).

Por que Herodes associou os prodígios de Jesus a João Batista? Penso que a resposta é muito simples. Mesmo sem ter visto milagre algum realizado por João, Herodes considerava-o poderoso o suficiente para realizar as coisas que Jesus estava realizando. E o próprio João parece reconhecer que tem poder. Pelo menos é o que se depreende de Mc 1,7, quando o Batista afirma: "Depois de mim vem outro *mais poderoso do que eu*, ante o qual não sou digno de me prostrar, para desatar-lhe a correia do calçado" (grifo nosso). Se ele afirmava que Jesus era mais poderoso do que ele, é porque também se considerava detentor de poder. Mas ele entendia, também, que o poder que possuía não deveria manifestar-se em milagres, pois esses eram sinais que caracterizavam *o Messias*. E ele não era o Messias, fazia questão de afirmar isso (cf. Jo 1,20). Sua missão era ser voz.

Houve uma época de minha vida em que eu não me conformava por não fazer milagres. Eu cheguei a dizer, inclusive, que não me realizaria plenamente como discípulo, pregador e até como cristão, se não visse milagres acontecerem por meio de minha oração. Fiz essa queixa diante de Deus e Ele nada me respondeu. Um dia eu estava lendo a Bíblia no evangelho de São João, e me deparei com esta passagem que diz: "João não fez milagre algum, mas tudo o que João falou desse homem era verdade" (10,41b-42a). Ora, apesar de ter lido essa passagem várias vezes, nunca a havia notado por esse ângulo. João Batista era um modelo de pregador para mim e, no entanto, nunca realizara milagre algum. Eu entendi que o essencial em um pregador é a verdade, embora Deus nos favoreça ocasionalmente com alguns sinais, para cumprir sua promessa (cf. Mc 16,17-18).

A semelhança de João com Jesus era tão grande que, por ocasião do batismo do Mestre, este se preocupou em sair logo da água (cf. Mt 3,16). E por que Jesus teve tanta pressa em sair da água? Porque logo em seguida ao batismo, Ele sabia que o céu iria se abrir, o Espírito iria descer em forma de pomba e haveria de se manifestar a voz do Pai. Se Jesus ficasse na água, perto de João, o povo poderia confundir-se, pois não saberia a qual dos dois estava se referindo a voz: "Eis meu filho muito amado em quem ponho minha afeição" (Mt 3,17b). Jesus ou João Batista? Jesus saiu logo da água para não deixar dúvidas no povo.

Não é absurdo pensar isso, se levarmos em conta toda a expectativa do povo judeu criada em torno da vinda do Messias e da vida de João (cf. Lc 3,15), mas sobretudo levando em consideração suas semelhanças com o Mestre. João Batista chegou a "superar" Jesus em alguns aspectos: enquanto o Filho do Homem não tinha onde reclinar a cabeça (cf. Lc 9,58), João reclinou a dele num prato, nas mãos de seus inimigos (cf. Mt 14,11).

Talvez o maior mérito de João esteja exatamente em *ser mais do que se exige* dele. Não me parece necessário que João morasse no deserto e comesse gafanhotos. E, como dito, não era isso que seus familiares esperavam dele. Porém, ele quis ir além. Todos os pregadores deveriam seguir o mesmo caminho.

Todo mundo tem o direito de escolher o que quer da vida. Uma pessoa pode ser cristã cumprindo os deveres que se lhe exigem. Ela certamente será salva. Mas se quer ser pregadora a exemplo de João Batista, com a Palavra encarnada na vida, terá de superar as expectativas e ir além das exigências. Todos podem dar testemunho do Evangelho, mas um poderoso anúncio só pode ser construído com doação e coragem de dar um passo a mais sem exigir nada em troca.

Quando encontro uma obra de evangelização poderosa, eficiente, verdadeira, perene e crescente, impressiono-me não com a quantidade de recursos materiais de que dispõe, mas com as vidas que estão por trás, dando tudo e sofrendo um martírio cotidiano, extremamente fecundo. Por trás das estruturas é que se percebe a face mais autêntica do Evangelho.

Cada pessoa deve escolher seu lugar, levando em conta o dom recebido de Deus. Se quer simplesmente a vida de um cristão tradicional, que cumpre os mandamentos, tem todo direito. Não vai ser menor do que ninguém em dignidade. Afinal, foi do próprio João Batista que Jesus também disse: "No entanto, o menor no Reino dos Céus é maior do que ele" (Mt 11,11b). Mas se quer ser pregador-discípulo deve ir além. Caso contrário, pode estar enganando os outros e a si mesmo.

Certa vez, li uma reportagem que se referia a um fotógrafo que havia ganhado um prêmio. Ele tirou uma foto no Sudão, numa realidade de muita miséria: uma criança raquítica, quase morrendo de fome, sozinha, abandonada pela família. A criança estava de cócoras, chorando. Ao lado dela, estava um abutre. A intenção do animal era clara: esperar que a criança morresse para comer as carnes que lhe restavam. Cárter era o nome do fotógrafo. Ele ganhou um prêmio justamente com essa fotografia, pela realidade cruenta que conseguiu expor.

A matéria dizia que quando ele acabou de fazer a foto, sentou-se ali mesmo, tirou uma carteira de cigarros do bolso e começou a fumar e chorar desconsoladamente. Alguns dias depois, ele se suicidou.

Quando acabei de ler essa reportagem, pensei comigo: "Se Cárter fosse cristão, ele não teria se suicidado. Mas se os cristãos tivessem um pouco de sua sensibilidade, nosso mundo há muito tempo já seria diferente". Ainda hoje, muitos dos que se dizem discípulos de Cristo são insensíveis diante de muitas situações. E por isso se prendem por qualquer coisa e não conseguem decidir nada por Deus, quando estão em jogo interesses pessoais. É incrível como guiam suas vidas pensando somente em si mesmos!

A oração de muitos cristãos parece ser, ainda hoje, uma oração egoísta, não centrada em Deus. Nesse ponto, não parece haver muita diferença em relação aos não convertidos. Muitas vezes, essas pessoas querem construir seus "castelos" dentro do Reino de Deus, alguns deles, planos que foram frustrados lá fora, como o desejo de aparecer ou de dominar.

Se os pregadores tiverem um pouco mais de sensibilidade para perceberem a angústia dos outros e, por que não dizer, a "angústia" de Deus, terão mais chances de serem agentes de transformação da realidade. Muitas vezes, os pregadores buscam honras. E só existe uma honra reservada para o pregador-discípulo: "Se alguém me quer servir, siga-me, e onde eu estiver, estará ali também meu servo. Se alguém me serve, *meu Pai o honrará*" (Jo 12,26). A única honra do pregador-discípulo é a honra que lhe é dedicada pelo Pai. Por que ainda se preocupar com outras honras?

João Batista foi precursor de Jesus e confundido com a própria Palavra porque a encarnou. Antecipou-se e "superou" Jesus em alguns aspectos; surpreendeu a todos fazendo mais do que se exigia dele. Em síntese, João foi uma testemunha! Mas, de todos esses méritos, qual foi o maior? Eu procurei descobrir o maior testemunho de João. A penitência? O serviço? O martírio?

Apesar de todos os grandes feitos, encontrei seu maior testemunho em uma afirmação que fez: "Eu não sou o Cristo" (Jo 1,20b). De fato, a Escritura diz que esse foi *o testemunho* de João (cf. Jo 1,19). Não há como deixar de associar essa declaração do Batista aos dizeres de Deus: "Eu sou aquele que sou" (cf. Êx 3,14) e de Jesus: "Eu e o Pai somos um" (Jo 10,30). Essas expressões significam que o Pai e o Filho têm existência em si mesmo. A afirmação de João Batista contém o reconhecimento tácito de que ele é contingente, e que aquilo que é não o é em si mesmo. É como se dissesse: "Eu não sou" em contraposição ao "Eu sou" de Deus. Esse foi o maior testemunho do precursor. Apesar de tudo o que era, sabia que nada tinha que não houvesse recebido (cf. 1Cor 4,7). Esse também deve ser o principal testemunho dos cristãos, sobretudo dos pregadores.

7

CARISMA DE INTERCESSÃO PROFÉTICA

"A população da terra se entrega à violência e à rapina, à opressão do pobre e do indigente, e às vexações injustificáveis contra o estrangeiro. Tenho procurado entre eles alguém que construísse o muro e se detivesse sobre a brecha diante de mim, em favor da terra, a fim de prevenir sua destruição, mas não encontrei ninguém." (Ez 22,29-30)

Esse texto bíblico é relativamente bem conhecido. Algumas vezes, a expressão "deter-se na brecha" foi interpretada como uma atitude de intercessão. De certo modo, é ainda sobre intercessão que gostaria de discorrer neste capítulo. Porém, sob outra perspectiva, mais acomodada ao ministério da pregação.

Note-se que Ezequiel apresenta Deus tomando uma atitude concreta: *um olhar*. É como se o Senhor estivesse contemplando a população da terra e observando sua situação. Aliás, isso é muito comum na Bíblia. Basta lembrar da criação do mundo, quando Deus olhou para cada etapa de seu "trabalho" e atribuiu a qualidade de "bom" às coisas que fez (cf. Gn 1,4.10.12.18.21.25.31). Em outra ocasião, o Senhor arrependeu-se de ter feito o homem (cf. Gn 6,5-6). E quando o homem estava totalmente corrompido, nos tempos de Noé, Deus olhou novamente o mundo para encontrar um justo que obedecesse sua voz (cf. Gn 6,8.22). E, assim como nessas, em outras situações bíblicas Deus aparece observando o mundo e tirando conclusões. O próprio Jesus fez isso em algumas ocasiões, como sobre Jerusalém (cf. Mc 23,27) ou no momento em que afirmou: "Mas, quando vier o Filho do homem, acaso achará fé sobre a terra?" (cf. Lc 18,8b).

É interessante observar que algumas ações humanas também começam com um "olhar" como que de contemplação sobre a realidade, para concluir e agir. Seria uma espécie de *ver, julgar e agir*. É bem verdade que não é suficiente olhar o mundo e julgá-lo, mas é preciso ter critérios bem definidos e verdadeiros para isso. Não seria suficiente, por exemplo, mirar que o mundo despreza Deus e não compreender que, paradoxalmente, Deus ama tanto o mundo que foi capaz de entregar seu Filho para salvá-lo (cf. Jo 3,16).

Naquele momento, olhando para o povo de Israel,[32] que era talvez o objeto particular de sua atenção – o povo escolhido (cf. Êx 3,7-10; Is 49,7), o "servo de Javé" (cf. Is 49,3) – Deus observou que as pessoas estavam entregando-se à violência, à rapina; estavam oprimindo os pobres, perseguindo os indigentes e estrangeiros. Essas coisas eram entendidas pelos profetas como referenciais básicos para medir a "temperatura" espiritual e moral do povo. Havia sinais de que Israel estava ferindo gravemente a justiça e, portanto, negligenciando a aliança com o próprio Deus.

Qualquer um que assuma essa atitude de olhar para o mundo de hoje vai encontrar as pessoas se entregando ao pecado, tal como em Israel naquele tempo, mas desta feita com um detalhe importante: *em troca de pouquíssima coisa*. Tome-se como exemplo os jovens que se drogam. Geralmente, procuram apenas um pouco de paz. Eles se furam, se arriscam e não

---

[32] Nesse texto, o termo "população da terra" indica o povo de Israel e não a humanidade inteira.

hesitam em pecar por causa de alguns momentos de quietação, mesmo sabendo que a angústia pós-efeito é maior. Jesus é a paz! O grande anúncio pascal foi uma comunicação de paz (cf. Jo 20,19).[33] Mas os jovens que buscam-na o fazem muitas vezes por meio do pecado.

Outro exemplo abrolha nos muitos pecados de omissão que são cometidos por pouquíssima coisa. Pessoas que podiam fazer muito pelos pobres não o fazem por preguiça ou comodismo; não se envolvem com nenhuma causa e preferem perder seu tempo, por exemplo, assistindo à televisão ou dedicando-se exaustivamente a atividades de lazer.

Quando alguém comete pecados para conseguir grandes coisas (poder político, riquezas, prestígio etc.), até que isso é mais ou menos compreensível. Essas coisas seduzem e todo homem é passível de iniquidade. Mas as pessoas estão tão entregues à maldade, que pecam praticamente de graça. Muitas vezes cobram para amar, mas não para pecar. O amor, que é essencialmente gratuito, às vezes, é dado para se ter algo em troca.

A maldade está inserida no mundo sob diversas formas, não só porque o Demônio ataca, mas também porque não há defesa. Essa é a comprovação de Ezequiel. Na profecia, Deus se lamenta, dizendo: "Tenho procurado alguém que construísse o muro e que ficasse lá na brecha para defender, mas não encontrei ninguém" (v. 30).

Essa lamentação de Deus tem semelhança com aquela referida por Isaías, a qual já comentei aqui mesmo neste ensaio: "Quem enviarei eu?" (cf. Is 6,8). Há, portanto, uma identificação entre a missão como tal do pregador e a responsabilidade que ele tem de se estabelecer como defensor do mundo, como intercessor. A mesma coisa podemos subtender do que disse Deus a Jeremias: "Vê: dou-te hoje poder sobre as nações e sobre os reinos para ar-

---

[33] Essa ideia fundamental tomo de empréstimo das reflexões informais de Alessandra Freitas Dantas de Sousa.

rancares e demolires, para arruinares e destruíres, para edificares e plantares" (Jr 1,10).

Por meio da leitura dos profetas, fica claro que o pregador tem de desempenhar uma espécie de *carisma de intercessão*, que na prática é uma atitude de defesa, como se estivesse colocando-se na brecha para evitar muitos males no mundo. Mas no que consiste esse carisma de intercessão? Eu quis descobrir isso pela meditação dos profetas. Sabia, de antemão, que ele não se confunde com o serviço da intercessão pela oração, tal como é concebido nos ambientes eclesiais.

Alguns textos chamaram-me a atenção. O primeiro deles foi o de Ez 12,4-6:

> Prepararás os teus petrechos em pleno dia, sob seus olhares, como um fardo de emigrante. E depois, à noite, sob seus olhares, seguirás como um homem que parte para o exílio. Ante as vistas deles farás um buraco no muro, pelo qual farás passar teu fardo. À vista deles, o carregarás aos ombros e sairás, quando escurecer, a fronte velada, de modo que não vejas a pátria! Faço assim de ti um símbolo para a casa de Israel.

Deus mandou que Ezequiel arrumasse sua bagagem, velasse seu rosto e saísse da cidade à vista de todos. A intenção fica clara no final do versículo 6: *fazer de Ezequiel um sinal para a casa de Israel*. Mais na frente do livro encontrei outra coisa mais ou menos "louca" da parte de Deus: "Filho do homem, vou levar subitamente de ti aquela que faz a delícia de teus olhos. Tu, porém, não darás nenhum gemido de dor, não chorarás, não deixarás tuas lágrimas correrem" (Ez 24,16). Deus disse a Ezequiel que no dia seguinte a mulher dele iria morrer e que ele não podia chorar, nem gemer, nem deixar que lágrimas corressem em seus olhos. Mais uma vez a intenção é clara: fazer de Ezequiel um sinal. Por essas atitudes, Deus anunciaria a seu povo que iria abandoná-lo e que, embora sendo como um esposo para Israel, não se incomodaria quando o visse exilado.

Note-se que Deus ordenou uma atitude concreta do próprio profeta para anunciar aquilo que Ele queria. Coisa semelhante aconteceu com Jeremias e Oseias. Àquele, Deus dirigiu a palavra proibindo-o de tomar esposa e ter filhos (cf. Jr 16,2). Quanto a Oseias, Deus mandou que ele recebesse sua esposa adúltera, para significar a infidelidade de Israel e a fidelidade de Deus: "Vai e desposa uma mulher dada ao adultério, e aceita filhos adulterinos; porque a nação procedeu mal para com o Senhor" (Os 1,2b).

As coisas que Deus mandou os profetas fazerem foram mais ou menos absurdas. O caso de Jeremias é inusitado: ele foi o único homem do Antigo Testamento que, por uma moção de Deus, não se casou opcionalmente. Casar e ter filhos para os judeus era muito importante, porque eles acreditavam que na descendência estava, de certo modo, sua perpetuação (cf. Eclo 30,4-6). Ainda não tinham amadurecido a ideia de vida eterna. O filho era, portanto, a maneira de eternização do pai. Com isso, Deus tornou a vida de Jeremias um símbolo, um sinal para o povo de Israel. Jeremias "falou" com o próprio procedimento que não valia a pena ter filhos, pois todos seriam exilados e escravos nas mãos de estrangeiros.

Foi mais grave o que aconteceu com Oseias. Ele teve de abrir mão do direito de repudiar sua mulher (cf. Dt 24,1), para significar que Deus estava disposto a perdoar seu povo que se "prostituía" com outros deuses. A imagem da prostituição e do adultério é muito frequente no Antigo Testamento, para indicar que o povo eleito abandona seu Deus fácil e ingratamente. Fico pensando que se eu recebesse de Deus uma proposta como essa, eu lhe diria que arranjasse outro jeito de comunicar sua palavra às pessoas.

É interessante observar que as atitudes dos profetas são mensagens, comunicações, alertas da parte de Deus para o povo. Isso significa dizer que *quando Deus queria se manifestar, Ele o fazia por meio da vida dos profetas*; esse é, precisamente, o momento em que o "filho do homem"[34] torna-se palavra viva de Deus.

Quando um pregador identifica-se com esse estilo de adesão ao Senhor, ou seja, quando coloca sua própria vida à disposição de Deus para que Ele, absurdamente, manifeste sua palavra, *é então que está se colocando na brecha*, exercendo de maneira eficaz um carisma de intercessão com uma forte conotação profética, que vai além da oração formal, e que extrapola os limites do habitual.

Quando falo de expor a vida, não estou me referindo a uma passividade débil, pela qual o pregador entrega-se a Deus, mas questiona todas as suas ordens e, enfim, faz apenas aquilo que julga coerente. Falo de uma "loucura da cruz", uma graça excepcional do Espírito que atua e projeta o pregador como "escândalo" para o mundo (cf. 1Cor 1,18-21).

Como acontecia com os profetas, nos dias de hoje, Deus vai começar – na realidade, já começou – a pedir que os cristãos adotem comportamentos estranhos para a maioria das pessoas. Posso testemunhar coisa parecida que aconteceu comigo. Quando começamos, eu e minha esposa, a experiência de fundação de nossa Comunidade, arriscamos nossa imagem como casal e minha própria imagem de masculinidade. Afinal de contas, na Igreja não existiam muitos casais consagrados, principalmente numa comunidade de vida. Além disso, em nossa região isso seria inconcebível. Com isso, Deus nos constituiu em um sinal, um estilo de vida incompreensível, mas que aos poucos foi se aclarando e amortizando na mentalidade das pessoas. Uma forma de vida certamente profética para a Igreja e para o mundo de hoje.[35]

---

[34] A expressão "filho do homem" aqui é tomada no sentido de Ez 2,1, que exprime o contraste entre a fraqueza humana e o poder de Deus.

[35] As chamadas "comunidades novas" adotam formas de vida que se constituem em uma novidade do Espírito para os tempos de hoje; ver, a propósito, a exortação pós-sinodal *Vita Consecrata* (n. 59-62), e o discurso do Santo Padre no Encontro Mundial do Papa com os Movimentos e as Comunidades Novas.

A vida em comunidade me fez abrir mão de recursos materiais e me submeteu ao governo de outras pessoas em muitos aspectos. E por que tive de fazer isso? Não só por causa de minha opção religiosa, mas também porque essa forma de vida constitui--se em um sinal para a Igreja.

A palavra "intercessão" significa: intermediar, fazer convergir. Uma intercessão aproxima dois opostos. Exatamente: os cristãos que forem sinais vivos do Evangelho favorecerão o caminho para a compreensão da vontade de Deus nos dias atuais. E isso não se fará sem estranhezas. Parece comum que Deus escolha coisas esquisitas para servir de sinal aos homens. Isso confunde as mentes dos mais céticos. Sob esse aspecto, se não for "escândalo", como será sinal?

O mundo está distante de Deus e é urgente aproximá-los. E isso só pode acontecer quando os cristãos assumirem *no mundo* atitudes que se assemelhem às dos profetas, quando aproximarem suas vidas da figura de Cristo. É como se devessem desbravar um caminho difícil e cheio de obstáculos.

Nos sertões nordestinos há um costume que ilustra bem essa coisa. Na zona rural não existem estradas planejadas. Por isso, o homem do campo é quem faz seu caminho entre a roça e a casa, a casa e o açude, o açude e a casa do vizinho etc. Na maioria das vezes, não se faz a vereda em uma só ocasião. As pessoas vão percorrendo, indo e vindo, por um traçado só, por dentro do mato. Aos poucos o caminho vai-se fazendo, pelas marcas deixadas por cada pessoa que passa. São como os profetas. Estes vão percorrendo caminhos antes jamais trilhados, ou pelo menos relegados ao esquecimento. Pelo ministério de muitos, essas estradas entre Deus e o homem vão aparecendo, servindo como fortes referenciais de fé e vida.

Isso não acontece apenas nos grandes episódios, mas também nos pequenos e eventuais gestos feitos com inspiração evangélica. Cada convertido que, por exemplo, assume a atitude de jejuar na sexta-feira ou de não assistir à televisão por um período; isso costuma intrigar as pessoas de sua própria casa. Alguns criticam, outros ignoram. Pode até haver quem apoie. Mas, no fundo, todos se confundem um pouco e acabam por se questionarem.

Do mesmo modo, quando os cristãos fazem opção por não frequentar festas seculares, por não beber ou fumar, por não falar palavrão, por não usar roupas curtas e sensuais, por fazer longas vigílias noturnas, tudo isso tem, em maior ou menor grau, seu poder de questionamento, tanto quanto for assumido como atitude verdadeira, do interior para o exterior.

Lembro-me de quando juntávamos o grupo de jovens, todos em cima de uma caminhonete e saíamos para um sítio, no período do carnaval. Jovens, no auge de sua força, fugindo de festejos carnavalescos questionavam desde os pais até o motorista que ia levá-los.

Sou particularmente fascinado por esse dom que Deus concedeu aos cristãos de um modo geral, mas de maneira especial aos pregadores. Adotar esse procedimento faz com que Deus os coloque na brecha, para defender o mundo do Demônio. Quanta sabedoria! Coisas muito simples podem constituir-se em sinais para as pessoas que se interrogarem acerca da prática ou não de determinados atos. Esses pequenos sacrifícios do dia a dia são como que minúsculas pedras colocadas na brecha.

O maior exemplo de intercessão profética – maior até mesmo que os profetas já citados – é o do próprio Jesus Cristo. Tem uma passagem no evangelho de São João que reflete bem sua manifestação: "E quando eu for levantado da terra, atrairei todos os homens a mim" (Jo 12,32).

Esse versículo sempre me chamou a atenção, porque Jesus fez muitas coisas maravilhosas no decorrer de seu ministério público. Muitas dessas coisas foram, em tese, bem atraentes: por exemplo, as curas, os milagres, a ressurreição de Lázaro, a multiplicação dos pães, ou mesmo aquelas atitudes pastorais de Jesus, quando Ele introduzia alguém excluído novamente no convívio social, demonstrando carinho e atenção cativantes (cf. Lc 13,10-17; 18,15-17; Jo 4,1-30).

Por que Jesus usou exatamente o evento da cruz para dizer que iria atrair os homens? Jesus não disse: "quando eu fizer milagres", "quando eu ressuscitar mortos" ou "quando eu multiplicar pães", mas "quando eu for levantado", o que significa a ascensão e, sobretudo, o sacrifício da cruz. É como se Ele dissesse: "Será no momento em que eu for crucificado que eu vou atrair os homens". E eu fico pensando: o que tem a cruz para exercer fascínio sobre as pessoas. O sacrifício de Jesus foi sangrento e repugnante. Mormente, para o homem moderno, a imagem do sofrimento é essencialmente abjeta. Qualquer publicitário acharia isso uma loucura. Preferiria usar os feitos prodigiosos do Mestre para manter as pessoas junto dele.

Parece até que o sofrimento atrai as pessoas e lhes transmite confiança. Por que será? Porque *a cruz contém um misto de pesar e fascínio maravilhoso*. Ela exerce um deslumbre sobre as mentes humanas a ponto de lhes transmitir certeza e convicção. As pessoas "crucificadas" têm a graça de comunicar segurança às outras, porque sinalizam as opções que fizeram em favor do Evangelho de maneira corajosa e sem tibieza ou ambiguidades.

Na vida dos pregadores também acontece como ocorreu com Jesus. Embora os homens se admirem dos milagres, grande é o número dos que são atraídos justamente pela imagem de sofrimento que eles transbordam. As pessoas chegam a perseguir e caluniar àqueles que fazem "absurdos" por causa de Deus; configuram-se como verdadeiros inimigos do Reino e perseguem tanto quanto podem. Mas na hora das vicissitudes da vida, no momento que necessitam de um conselho, um ombro, uma oração, um rumo, confiam antes de tudo naqueles que trazem na própria carne a imagem *do Evangelho*. As pessoas descobrem, quer por consciência quer por intuição, que aqueles que são capazes de superarem os próprios limites são também os mais indicados para lhes ajudarem a suplantar os seus.

Os homens desprezam os profetas e, ao mesmo tempo, os respeitam. Dizem coisas absurdas sobre eles a suas costas, mas diante deles titubeiam[36] nas palavras, quando não, covardemente, apresentam-se com falsas lisonjas.

Quando olham para os "mortos em Jesus Cristo" (cf. Cl 3,3), ao mesmo tempo em que veem suas limitações, a projeção de suas fraquezas, veem a luz que conseguem arremessar ao mundo. *Os verdadeiros profetas irradiam um testemunho real, não mitificado, preciso e coerente*; e o que provoca isso é o misto maravilhoso de poder e fraquezas (cf. 2Cor 4,7).

É exatamente isso que os distingue dos falsos profetas. A Escritura deixa claro que falsos e verdadeiros profetas são muito parecidos e que muitas pessoas os confundem (cf. Mt 24,24). Mas há um caminho seguro de discernimento. Os falsos profetas, como os verdadeiros, têm poder, liderança, força nas palavras, mas parecem não ter fraquezas. Fazem questão de não revelar nenhum tipo de limitação. Aparentam ser "super-homens" abastados de poder.

Os profetas verdadeiros conseguem, como Jesus, fazer essa síntese maravilhosa que fascina os homens de boa vontade. As pessoas ficam se perguntando, mesmo que inconscientemente, como pode homens e mulheres tão fracos projetarem tanta luz no mundo. Essa é uma das grandes perguntas de quem contempla a cruz: como pode alguém tão inerme, completamente aniquilado, ser o salvador do mundo? E tal questionamento tem procedência, pois a fraqueza de Jesus não é apenas aparente. Ele assumiu de verdade a pusilanimidade, as dores e os sofrimentos humanos. O aniquilamento de Jesus é real, não é uma farsa. Alguém pode imaginar que Jesus estava apenas encenando dor e sofrimento, para realçar a glória da ressurreição. Mas Ele se fez realmente, na práti-

---

[36] Em algumas situações, acusadores do Evangelho titubearam nos argumentos quando estavam diante do anunciador. Cf., por exemplo, Lc 22,52-53; Jo 7,30; 18,19-23; At 4,13-14.

ca, fraco como os homens e, nessa fraqueza, venceu o pecado e a morte.[37]

Os verdadeiros profetas não mostram apenas sua liderança, mas provocam "maravilhosos escândalos". Ao mesmo tempo em que, com suas obras, causam admiração aos homens, têm a alma humilhada pelo reconhecimento das próprias limitações e pelas perseguições externas. Benditos escândalos que conseguem demonstrar. É por eles que revelam a cruz. É como se dissessem para o mundo com o próprio testemunho: "sejam fortes como nós, sejam fracos como nós". Não revelam a salvação apenas quando fazem grandes coisas, mas também quando estão mergulhados nas fraquezas e podem dizer como São Paulo: "quando me sinto fraco, então é que sou forte" (2Cor 12,10b).

Pude ver muitos pregadores que pareciam verdadeiras muralhas; apresentavam-se inabaláveis em tudo e com todos. Alguns pareciam estar sinceramente convencidos de sua força e julgavam que a experiência espiritual que haviam tido era suficiente para lhes garantir a maturidade e a perseverança. Permaneceram fechados neles mesmos e em suas convicções e, em algum tempo, despedaçaram-se completamente, como se tivessem esbarrado na Pedra Angular da qual eram anunciadores entusiastas (cf. 1Pd 2,6-8). Negligenciaram o conselho do apóstolo: "Portanto, quem pensa estar de pé veja que não caia" (1Cor 10,12).

A graça de Deus está na vida dos pregadores não apenas pelos prodígios que fazem ou pelas obras que edificam, mas também no que *não* fazem. A graça de Deus está nas vitórias, mas também está no insucesso. Eis a mística da cruz. Quem entendê-la será feliz.

Os profetas são um misto de poder e fraqueza, de sabedoria e loucura, de mistério e transparência. São uma combinação de testemunho e escândalo, de convicção e conflito. E não devem envergonhar-se disso. A experiência do Evangelho é naturalmente

---

[37] Sobre isso, é bastante sugestivo o comentário de Raniero Cantalamessa, em Nós pregamos Cristo crucificado, p. 65-70.

conflituosa (cf. Mt 10,34-36; Lc 16,16; Rm 5,20-21; 6,15-25). O profeta não é sinônimo de inércia, nem de perenidade, como se dispusesse de um projeto de vida acabado e absolutamente claro e certo. O profeta é, antes, uma expressão da dinâmica: do Espírito e dele mesmo como pessoa ungida para a missão.

Essa duplicidade – poder e fraqueza – não é mera expressão de discurso. Ela é efetivamente sentida, percebida interiormente. A fraqueza não deve ser na vida do profeta apenas objeto de palavreado, para demonstrar humildade; ou como se fosse uma forma de convencer-se a si mesmo de que traz um dom de Deus e que não deve envaidecer-se por causa dele. A fraqueza não é simplesmente o discurso necessário para demonstrar humildade. A fraqueza é real, presente, quase predominante.

A expressão de Jesus – "quando eu for levantado..." – pode ser colocada em paralelo com outro dizer seu: "Não se acende uma luz para colocá-la debaixo do alqueire" (Mt 5,15a). Os profetas existem para serem erguidos. Porém, erguidos da maneira correta: como crucificados. Depois de um discurso em que se estabelece como luz (cf. Jo 8,12), Jesus se ocultou (cf. Jo 8,59), talvez justamente para que ninguém confundisse carisma de intercessão profética com exibicionismo, fama ou coisa parecida; como se quisesse dizer que a ostensividade dos profetas tem uma dimensão muito diferente da que se vê neste mundo. Um profeta não é "erguido" apenas para ser mais um grande homem ou uma grande mulher, mas para se estabelecer como imagem de Cristo crucificado. Também penso que Jesus quis demonstrar que a vida de um profeta é uma constante ida e vinda, uma alternância de missão e vida escondida.

Acho fantástico quando o Evangelho diz que Jesus não se fiava nos homens, mesmo naqueles que criam nele (cf. Jo 2,23-25). O texto faz-nos pensar em algumas pessoas bajulando Jesus por causa dos milagres que fazia, mas ele permanecia indiferente. Jesus é o modelo formidável do pregador-profeta. Quando escutava afrontas, saia delas com sabedoria; quando escutava elogios, também não se guiava por eles. Ele é sempre o que é e está pronto para cumprir sua missão. Um pregador também deve ser assim. Não pode ser movido por aquilo que as pessoas falam dele, nem é isso que deve determinar seu estado de espírito.

Quando se entrega a sua missão, o pregador também exerce um tipo de fascínio sobre as pessoas. Trata-se de um fascínio sadio, não idolátrico, mas que atrai as pessoas para descobrirem outra coisa além dele mesmo, até que digam o que disseram os homens e mulheres evangelizados pela samaritana: "Já não é por causa de tua declaração que cremos, mas nós mesmos ouvimos e sabemos ser este verdadeiramente o Salvador do mundo" (Jo 4,42).

A pessoa e a presença do pregador-profeta são temidas e respeitadas, mesmo por aqueles que não se convertem. Da Bíblia podemos colher pelo menos três exemplos fabulosos. O primeiro deles é o de Jesus em relação a Nicodemos e José de Arimateia. Estes eram membros do Sinédrio e compactuavam, pela omissão, com aqueles que queriam matar Jesus. Mas eram discípulos de Jesus às escondidas (cf. Jo 19,38-42). Um segundo exemplo, ainda mais esclarecedor, é o de João Batista em relação a Herodes. O tetrarca gostava de escutar João e não apenas isso, mas o respeitava, pois o considerava justo e santo; suas palavras o interpelavam, embora não tivesse disposição para se converter (cf. Mc 6,20). Herodes mandou matar João contra a vontade (cf. Mc 6,21-26). Ele se sentia atraído por suas palavras. E quem era João diante de Herodes? Um caniço, um louco que se vestia de pele de camelo e comia gafanhotos, em contraste com a opulência de um rei.

Um terceiro exemplo bastante ilustrativo é o de São Paulo. Ele entreteve o rei Félix (cf. At 24,24-26). O rei Agripa chegou a dizer-lhe: "Por pouco tu não me fazias cristão" (cf. At 26,28). Os judeus que lhe cobriram de afrontas diante de Festo foram incapazes de justificar as acusações que faziam (cf. At 25,7). Paulo era tão paradoxal, que já não se sabia se suas palavras refletiam loucura ou sabedoria (cf. At 26,24).

Aliás, para mim, São Paulo é o melhor referencial bíblico nesse sentido, depois de Jesus Cristo. É um modelo excelente da "duplicidade" que caracteriza um profeta. Em suas cartas, não apenas discorre sobre as questões fundamentais do cristianismo, mas também revela sua vulnerabilidade e o modo como se relaciona com ela (cf. 1Cor 2,3). Apesar de ter consciência da força de que era portador (cf. Rm 15,1), Paulo reserva-se o direito de se gloriar nas fraquezas (cf. 2Cor 12,5). O misto paulino chega a confundir algumas mentes mais astutas: "Suas cartas, dizem, são imperativas e fortes, mas, quando está presente, sua pessoa é fraca, e a palavra, desprezível" (2Cor 10,10).

A vida de Paulo foi marcada por sofrimentos interiores e exteriores (cf. 1Cor 4,11-13; 2Cor 6,4-10; 11,16-29). Ele transbordou muito disso em suas cartas, sem comprometer sua autoridade de apóstolo. "Com maestria, o apóstolo mistura, em suas exortações, diversos sentimentos: amor e admoestação, cólera e ternura."[38] Sobretudo na segunda carta aos Coríntios, não há separação entre exposição doutrinária e partilha de vida; as duas coisas apresentam-se misturadas, porém não confusas; são complementares. Muito ilustrativas são as seguintes afirmações:

> "Não queremos, irmãos, que ignoreis a tribulação que nos sobreveio na Ásia. Fomos maltratados ali desmedidamente, além de nossas forças, a ponto de termos perdido a esperança de sairmos com vida" (2Cor 1,8).
>
> "Foi em uma grande aflição, com o coração despedaçado e lágrimas nos olhos, que vos escrevi, não com o propósito de vos contristar, mas para vos fazer conhecer o amor todo particular que vos tenho" (2Cor 2,4).
>
> "Oxalá suportásseis um pouco de loucura de minha parte! Oh! Sim, tolerai-me. Eu vos consagro um carinho e amor santo, porque vos desposei com um esposo único e vos apresentei a Cristo como virgem pura" (2Cor 11,1-2).

---

[38] *Bíblia Tradução Ecumênica*, p. 2229.

Esse fascínio incrível que um pregador exerce, até sobre os incrédulos, é o reflexo de um carisma de intercessão profética. Pois é a própria vida derramada e se constituindo em um sinal para o mundo. Vai além da oração formal, transcende os limites da intercessão orante. É uma intercessão vivencial, que chamo de carisma porque é essencialmente dom de Deus.

Por fim, quero partilhar uma coisa que aconteceu comigo. Durante algum tempo eu tive uma grande dúvida. Observei que alguns pregadores são esquemáticos e exploram muito a própria sabedoria. Não são homens de grandes multidões, mas de conteúdo aprofundado e reflexivo. Por outro lado, existem pregadores mais querigmáticos, que costumam fortalecer sua pregação com sinais e curas. São entusiastas, de linguagem simples e traçam sua pregação em cima da própria experiência muito mais que no conhecimento que adquirem.

Fiquei pensando: o que devo ser? Um pregador de milagres e multidões ou um pregador da sabedoria e da reflexão. Foi quando, lendo a Primeira Carta aos Coríntios, obtive uma resposta de Deus através do capítulo 1, versículo 22: "Os judeus pedem milagres, os gregos reclamam a sabedoria; mas nós pregamos Cristo crucificado, escândalo para os judeus, e loucura para os pagãos".

Esse era justamente meu dilema: satisfazer os judeus com milagres ou aos gregos com sabedoria. Na verdade, devo anunciar Cristo crucificado, escândalo para os "judeus" e loucura para os "gregos". Observei que, realmente, o carisma de pregação que Deus me deu favorece que eu viva somente isso. Minha pregação não é marcada nem pelos grandes milagres nem pela sabedoria, mas unicamente pela cruz de Cristo.

8

A QUEM MUITO SE DEU, MUITO SERÁ COBRADO

"Será também como um homem que, tendo de viajar, reuniu seus servos e lhes confiou seus bens. A um deu cinco talentos, a outro dois, e a outro um, segundo a capacidade de cada um. Depois partiu. Logo em seguida, o que recebeu cinco talentos negociou com eles, fê-los produzir, e ganhou outros cinco. Do mesmo modo, o que recebeu dois, ganhou outros dois. Mas, o que recebeu apenas um, foi cavar a terra e escondeu o dinheiro de seu senhor.

Muito tempo depois, o senhor daqueles servos voltou e pediu-lhes contas. O que recebeu cinco talentos, aproximou-se e apresentou outros cinco: 'Senhor, disse-lhe, confiaste-me cinco talentos; eis aqui outros cinco que ganhei'. Disse-lhe seu senhor: 'Muito bem, servo bom e fiel, já que foste fiel no pouco, eu te confiarei muito. Vem regozijar-te com teu senhor'. O que recebeu dois talentos, adiantou-se também e disse: 'Senhor, confiaste-me dois talentos; eis aqui os dois outros que lucrei'. Disse-lhe seu senhor: 'Muito bem, servo bom e fiel, já que foste fiel no pouco, eu te confiarei muito. Vem regozijar-te com teu senhor'.

Veio, por fim, o que recebeu só um talento: 'Senhor, disse-lhe, sabia que és um homem duro (...). Por isso, tive medo e fui esconder teu talento na terra. Eis aqui: toma o que te pertence'. Respondeu-lhe seu senhor: 'Servo mau e preguiçoso (...). Tirai-lhe esse talento e dai-o ao que tem dez (...). E a esse servo inútil, jogai-o nas trevas exteriores.'"

(Mt 25,14-30)

Creio que todos compreendem bem o sentido e a mensagem da parábola dos talentos. Porém, vou tentar evidenciar algumas coisas que estão no interior do texto e aplicá-las ao ministério da pregação.

Aquele senhor do qual Jesus fala na parábola saiu para viajar. Ele chamou seus servos e *lhes confiou os bens*. É possível imaginar a responsabilidade desses servos, o *voto de confiança* que foi depositado neles pelo senhor?

No mundo do comércio costuma-se dizer que um negócio só vai para frente quando o dono toma a dianteira. Quem é comerciante sabe muito bem disso: se quer ver sua empresa progredindo, administre ele mesmo e não a entregue a empregados. Essa seria a atitude de qualquer proprietário de bom senso.

O que aconteceu na parábola foi exatamente o contrário: o senhor foi embora e deixou *todos os seus bens* com os servos. Pode-se imaginar o risco que ele estava correndo? Ele sabia que, ao voltar, poderia encontrar as coisas andando muito bem, mas também poderia deparar-se com a ruína de suas posses.

Ora, coisa análoga fez Deus com os pregadores. O grande tesouro espiritual da fé, condição para a salvação (cf. Rm 10,9-10), única possibilidade de aproximar o homem de Deus (cf. Rm 1,16-17; 3,28-30; 5,1-2), foi colocado nas mãos desses homens e mulheres que foram chamados e enviados em nome do Filho. Isso fica muito claro, quando São Paulo diz na carta aos Romanos: "Porém, como invocarão aquele em quem não tem fé? E como crerão naquele de quem não ouviram falar? E como ouvirão falar *se não houver quem pregue*?" (10,14). Logo, a fé que provém da pregação (cf. Rm 10,17) é o talento principal que Deus confiou aos pregadores, para que fosse multiplicado.

Nesse sentido, é lícito dizer que *quando o Senhor constituiu os pregadores, Ele confiou sua maior riqueza;* até mesmo pode-se afirmar que Ele confiou tudo o que tinha, colocando em suas mãos o prosseguimento da obra redentora que havia realizado. E com isso Ele correu um risco tremendo: que os enviados deixassem de semear sobre a terra a palavra fecunda da verdade e a escondesse dos homens. O Senhor que é dono de tudo, soberano sobre todas as coisas, "rebaixou-se" e depositou toda a sua confiança em homens. Parece incrível, mas é isso: é como se, com a Palavra nas mãos de homens, Deus dependesse deles. Os pregadores são, por assim dizer, esses servos da parábola dos talentos.

Na parábola, aquele senhor não distribuiu os bens por igual: ele deu a um cinco, a outro dois e a outro apenas um, "segundo a capacidade de cada um". O versículo 16 chama a atenção para uma coisa: "Logo em seguida, o que recebeu cinco talentos negociou com eles". *Logo em seguida*! Aquele servo, que recebeu os talentos de Deus, não esperou, não demorou, não ficou rondando em cima das próprias vontades e medos. Ele foi logo multiplicar aquilo que o Senhor lhe entregara! Talvez essa tenha sido exatamente a característica do servo que levou o senhor a lhe confiar mais que aos outros. O senhor sabia que aquele servo não seguraria as coisas, mas se apressaria em fazer sua vontade.

Um pregador tem de agir assim e anunciar *logo que for enviado*. Claro que existem pessoas que se enviam a si mesmas. Não falo destas. Mas aquele que foi enviado não deve ficar aguardando nem mesmo sentir-se preparado. Ele deve romper com seus próprios receios e, se for necessário, fazer violência a si mesmo para ser fiel ao impulso de Deus (cf. Lc 16,16). O aperfeiçoamento de um pregador não é imediato, mas a experiência só lhe é possível pelo próprio exercício da pregação.

O servo que recebeu dois talentos, apesar de ter recebido menos do que o outro, também fez a mesma coisa. Ele não ficou com inveja do que recebeu cinco, nem ficou questionando o porquê daquela "discriminação". Assim, na vida dos pregadores, não há motivos para preocupações com o que os outros estão fazendo ou não, nem mesmo com os frutos que podem dar. O que importa é ser fiel ao que Deus confiou e fazer sua vontade "logo em seguida".

Mas o que aconteceu com aquele que recebeu apenas um talento? Versículo 18: "O que recebeu apenas um, foi cavar a terra e escondeu o dinheiro de seu senhor". Que lástima! Escondeu o carisma de Deus. E uma das grandes questões que envolvem os ministros de pregação hoje em dia é esta: escondem as coisas de Deus, colocando-as submissas às próprias vontades, às limitações, aos pecados, aos medos. Muitos pregadores estão fazendo como esse servo que só recebeu um talento.

Eu já questionei essa palavra, pensando comigo: "Mas aqui há uma injustiça: um recebeu cinco, o outro, dois, e esse último só recebeu um. Também pudera: ele não tinha a mesma condição que os outros; ele não tinha, assim, a mesma capacidade de negociação". Eu estava achando que o senhor havia sido injusto. Mas quando eu estudei um pouco mais sobre essa parábola, acabei com meu questionamento. Isso porque eu descobri que um talento equivale aproximadamente a trinta quilos de ouro. Essa quantia já era suficiente para qualquer pessoa negociar e obter sucesso. Portanto, o terceiro servo tinha amplas condições de render tanto quanto os outros.

Quando o Senhor dar um talento, Ele sabe que o recebedor é capaz de tê-lo naquele momento. Mas a intenção do Senhor não é deixá-lo com apenas um. Isso fica muito claro no final da parábola, quando o senhor vai confiando mais ainda do que é seu aos que lhe foram fiéis. A cada um, ele vai dizendo: "Já que foste fiel no pouco, eu te confiarei muito" (v. 21b). É como dizer, na realidade dos pregadores: "Porque foste fiel naquela 'pregaçãozinha', eu te confiarei outras. Porque pregaste fielmente durante aqueles dez minutos quando te enviei, criarei muitas outras oportunidades para que fales em meu nome".

Já escutei muitas reclamações infundadas nessa matéria. É o que acontece quando um pregador diz ou pensa: "Só me mandam para tal canto, para aquele sítio, para aquele bairro". Alguns dizem: "Só me mandam pregar para crianças". São talentos de Deus que estão sendo depositados. Não devem ser enterrados nem escondidos! Se for oferecida a oportunidade de pregar uma só vez em toda a vida, o enviado deve aproveitar ardentemente essa oportunidade porque ali está o talento de Deus.

Outros, ainda, dizem: "Só estão me mandando porque não tem outro". Ou então: "Mandaram outro primeiro e porque ele não pôde ir vieram a mim. Eu também não vou". Não há motivos para se prender a essas coisas; elas atrapalham o andamento de um ministério. Isso é típico da pessoa que ama a si mesmo e somente se importa com a própria imagem. Essa é também uma maneira de fugir da vontade de Deus.

Para mim, existem até algumas vantagens em ser enviado porque outro não pôde ir. Primeiro porque fica evidente que Deus me escolheu. Isso me traz uma grande confiança. Se é Deus que me envia, portanto, Ele também está me ungindo (cf. Lc 4,18). Depois, as pessoas estão esperando outro. Quando veem que sou eu, já não esperam tanta eloquência. E aí eu tenho a chance de surpreender. Mas, independentemente disso, o fundamental é multiplicar o talento.

No versículo 19, a Palavra diz: "Muito tempo depois, o senhor daqueles servos voltou e pediu-lhes conta". Atenção para o termo: *muito tempo depois*. Isso é o que o Senhor faz com os pregadores e outros ministros a quem confia algo: embora espere que este multiplique logo em seguida, aguarda tempo suficiente para que se decidam a abraçar a missão com afinco. Ele não pede nada de imediato, mas é paciente. Espera um tempo, dois tempos, três tempos, na expectativa de que decidam produzir com o carisma.

Acho que Deus fica pensando: "Vamos esperar mais um pouco, vamos aguardar, vamos ver se ele sai de si mesmo". Mesmo se o talento já estiver enterrado, Deus fica esperando: "Vamos ver se ele vai desenterrar, se ele lembra pelo menos do lugar onde colocou". Deus tem muita paciência, porque espera dar a todos conforme sua fidelidade. Porém, não esperará para sempre! Aliás, na maioria das vezes, não é Deus que se enfastia, mas a pessoa mesmo cansa de estar em um ministério e ser improdutivo.

Deus espera tanto que, tenho para mim, ficam lacunas no apostolado do Reino por causa daquelas pessoas que não são fiéis a seu chamado. Na parábola do Filho Pródigo há um exemplo disso: quando o filho mais novo parte com os bens do pai, o filho mais velho fica sobrecarregado com os trabalhos porque o pai não coloca ninguém no lugar do moço. O pai fica esperando que ele volte. Por isso, talvez, o pregador fiel esteja sobrecarregado com tantas pregações e outras coisas para fazer: porque muitos dos seus irmãos não atenderam o chamado. Ou dizendo de outra forma: se há um pregador que está sem fazer nada é porque outros estão sobrecarregados.

O senhor da parábola voltou depois de muito tempo. O que recebera cinco talentos entregou-lhe outros cinco; o que recebera dois, entregou-lhe outros dois. Daquele a quem entregara um talento, certamente esperava que lhe devolvesse um a mais. Ao observar essa proporção, eu me perguntei por que cada um tinha de entregar outro tanto. Pelo menos é o que fica subentendido na parábola. Não poderia o que recebeu dois ter ganhado três ou apenas mais um? Não poderia o que recebeu cinco ter ganhado quatro ou seis?

O Senhor foi fazendo com que meu coração entendesse: cinco para cinco, dois para dois, um para um, *porque cada dom que o Senhor dá é único*. Cada dom é portador de uma singularidade tal, que obriga o recebedor a multiplicá-lo como se fosse o único. Muitas pessoas só têm um talento. Existem pessoas que só sabem ou só podem fazer uma coisa e, por ela, servirem ao projeto de Deus. Mas, mesmo que tenham vários, cada ministério deve ser exercido como se fosse exclusivo.

Isso vale especialmente para quem tem o ministério da pregação: no momento de pregar, deve fazê-lo como se não soubesse fazer outra coisa, como se não houvesse outra coisa a praticar, como se o cultivo do talento de Deus dependesse daquele momento, independentemente de qual seja o público, o tema, a hora.

Contam que um rapaz só tinha três fios de cabelo. Foi para o cabeleireiro e pediu que lhe fizesse um penteado. Quando o cabeleireiro passou a escova, caiu um dos fios. O rapaz disse: "Parta no meio, então!". O cabeleireiro pegou o pente e quando foi partir ao meio, caiu outro fio. O rapaz, enfurecido, agitou as mãos na cabeça e disse: "Basta! Deixa essa porcaria assanhada mesmo!".

O rapaz dessa história tinha um só fio de cabelo, mas agiu como se tivesse uma cabeleira exuberante. Assim, também os servos do Reino, devem encarar os talentos como únicos. Mesmo os mais simples devem ser vistos com a devida importância de um talento de Deus.

Conheci um senhor que passava o tempo inteiro, em um grupo de oração, caminhando no corredor da igreja, cantando, batendo palmas e sorrindo para as pessoas. Ele transmitia uma alegria indescritível. Nunca vi aquele homem pregar ou conduzir uma oração no grupo. Não me lembro nem mesmo de ter ouvido sua voz. Tudo o que ele fazia era sorrir. Mas o fazia com tanta convicção, como um dom e não como fingimento, que fazia todos louvarem a Deus de maneira espontânea e aberta.

É imperativo assumir a pregação como um talento, agindo com ele à maneira dos dois primeiros servos. No versículo 21, o senhor da parábola diz: "Muito bem, servo bom e fiel, já que foste fiel no pouco, eu te confiarei muito". Quando li esse versículo, atentei para algo interessante: o senhor diz "porque foste fiel no pouco" primeiramente àquele que recebera mais (cinco talentos). O senhor considerou pouco os cento e cinquenta quilos de ouro que havia dado àquele servo. Daí eu pude compreender que por mais unção que o Senhor derrame sobre a vida dos pregadores, para Ele ainda é pouco. Ele quer fazê-los sempre mais ungidos, envolvidos pelo Espírito, para testemunhar mais Sua Palavra. Por mais ungidos que sejam no ministério, é como se Deus os olhasse e dissesse: "Ainda é pouco! Não se acomodem nesse pouco. Busquem mais, pois em mim há um tesouro inesgotável de moção".

Àquele que é fiel no pouco, cada vez que o Senhor "voltar", confiará mais. Os motivos do terceiro servo são lastimáveis. Versículo 24 e 25: "Senhor – disse-lhe – sabia que és um homem duro, que colhes onde não semeaste e recolhes onde não espalhaste. Por isso, tive medo e fui esconder teu talento na terra". Teve medo! Quantos pregadores, ainda hoje, enterram o dom de Deus por causa do medo. Medo de encarar meia dúzia de pessoas, medo de ser ridicularizado, medo de não ser aceito, vergonha dos amigos ou da família. Talvez seja melhor encarar essas coisas, do que encarar o próprio Deus dizendo: "Servo inútil". Isso seria a pior coisa a acontecer na vida de um pregador. Mas a esperança está em que, sendo fiéis, cada pregador possa desfrutar da eternidade que Deus reservou para os seus e receber uma unção cada vez mais abundante.

REFERÊNCIAS

A Bíblia de Jerusalém. Tradução do texto em língua portuguesa diretamente dos originais. São Paulo: Paulinas, 1987.

Barbosa, Taciano Ferreira (Coord.). *Formação de pregadores*: metodologia com poder do Espírito Santo. Aparecida: Santuário, 1997. (Paulo Apóstolo, 8).

Bíblia Sagrada. Tradução dos originais mediante a versão dos monges de Maredsous (Bélgica). 58ª ed. São Paulo: Ave-Maria, 1987.

Bíblia Tradução Ecumênica. São Paulo: Loyola, 1994.

Cantalamessa, Raniero. *Nós pregamos Cristo crucificado*: meditações para a Sexta-feira Santa na Basílica de São Pedro. Tradução de Maurício Ruffer. São Paulo: Loyola, 1996.

_____. *A poderosa unção do Espírito Santo*. 2ª ed. Campinas: Raboni, 1996.

Cencini, Amedeo. *Amarás o Senhor teu Deus*: psicologia do encontro com Deus. 3ª ed. São Paulo: Paulinas, 1989, 192 p.

Congregação para a doutrina da fé. *Instrução sobre as orações para alcançar de Deus a cura*. Cidade do Vaticano: Libreria Editrice Vaticana, 2000.

Discurso do Papa na Vigília de Pentecostes. *Shalom Maná*. Fortaleza: n. 71, p. 3-6, s.d.

João paulo II. *Vita Consecrata*: exortação apostólica pós-sinodal sobre a vida consagrada e sua missão na Igreja e no mundo. Petrópolis: Vozes, 1996. (Documentos Pontifícios, 269.)

KAUFMANN, Cristina. Silêncio. In. RODRÍGUEZ, Angel Aparicio. CASAS, Joan Camals (Dir.). *Dicionário Teológico da Vida Consagrada*. Tradução: Honório Dalbosco e L. Costa. São Paulo: Paulus, 1994, p. 1035-1042.

LURKER, Manfred. *Dicionário de figuras e símbolos bíblicos*. São Paulo: Paulus, 1993. (Série Dicionários).

MAKENZIE, John L. *Dicionário Bíblico*. 2ª ed. São Paulo: Paulinas, 1983.

MOHANA, João. *Como ser um bom pregador*. 2ª ed. São Paulo: Loyola, 1993.

MORATIEL, José F. *O poder do silêncio*. São Paulo: Paulus, 1995.

NOGUEIRA, Emmir. *Orando com o Cântico dos Cânticos*. Fortaleza: Shalom, 1996.

PRADO FLORES, J. H. GOMES, Salvador. *Formação de pregadores*. 2ª ed. Rio de Janeiro: Louva-a-Deus, 1991.

RENOVAÇÃO CARISMÁTICA CATÓLICA. *Batismo no Espírito Santo*. Aparecida: Santuário, 1997. (Paulo Apóstolo, 2.)

SOUSA, Ronaldo José de. *O Impacto da Renovação Carismática*. São José dos Campos: ComDeus, 2000.

SANTO AGOSTINHO. Voz do que clama no deserto. Sermo 293, 1-3: PL38, 1327-1328. In. *Liturgia das Horas*, III. Rio de Janeiro: Vozes; São Paulo: Paulinas, Ave-Maria, Paulus, 1995.

VALVERDE, Martin. *O silêncio do músico*. 2ª ed. São Paulo: Mensagem Brasil, 1997. (Coleção "Filho antes que músico")

VAN DEN BORN, A. (Org.). *Dicionário Enciclopédico da Bíblia*. 4ª ed. Petrópolis: Vozes, 1987.

* * *

E-mail do autor:
ronaldo@remidosnosenhor.com.br

ÍNDICE

Introdução 7

1. Quem enviarei eu? 9
2. Sobre mim um óleo puro derramastes 15
3. Tu és o meu Deus: eu te procuro 29
4. Migalhas que caem da mesa 37
5. O silêncio é a metade da palavra 51
6. Uma voz clama no deserto 61
7. Carisma de intercessão profética 69
8. A quem muito se deu, muito será cobrado 85

Referências 93

A marca FSC® é a garantia de que a madeira utilizada na fabricação do papel deste livro provém de florestas que foram gerenciadas de maneira ambientalmente correta, socialmente justa e economicamente viável.

Este livro foi composto com as famílias tipográficas Garamond e Times e impresso em papel Offset 75g/m² pela **Gráfica Santuário.**